NUMEROLOGÍA

NUMEROLOGÍA

KARL LEVI

Copyright © EDIMAT LIBROS, S. A.
C/ Primavera, 35
Polígono Industrial El Malvar
28500 Arganda del Rey
MADRID-ESPAÑA
www.edimat.es

ISBN: 84-9764-431-X
Depósito legal: M-25102-2005

Colección: Enigmas de las ciencias ocultas
Título: Numerología
Autor: Karl Levi
Diseño de cubierta: Juan Manuel Domínguez
Impreso en: Artes Gráficas Cofás

IMPRESO EN ESPAÑA – PRINTED IN SPAIN

NUMEROLOGÍA

La numerología es el estudio de los números y la manera oculta en la que ellos reflejan ciertas aptitudes y tendencias del carácter, como una parte íntegra del plan cósmico. Cada letra tiene un valor numérico que proporciona una vibración cósmica relacionada, y la suma de los números de su nacimiento, más la suma del valor derivado de las letras del nombre, proporcionan una interrelación de vibraciones. Estos números muestran una gran cantidad de datos sobre el carácter, su forma de vida, lo que motiva a establecer ciertas reformas en nuestras costumbres. Los expertos en numerología acostumbran a emplear los números para determinar el mejor momento para realizar modificaciones y actividades en la vida. La numerología, por tanto, nos indica el mejor momento para invertir, casarse, viajar, cambiar de trabajo o de domicilio. No le estoy asegurando que con este libro consiga encontrar toda clase de respuestas a sus dudas o problemas, pero debe intentarlo de cualquier manera. La pasividad ante nuestro destino, esperando acontecimientos que nunca llegarán o que otras personas le lleven de la mano en la vida, es una mala actitud.

RAZONAMIENTOS A ESTE MANUAL

La primera pregunta que me hice cuando leí un tratado sobre numerología fue por qué funciona. La segunda era cómo funciona. Bien, si nosotros pudiéramos contestar a estas preguntas no sería ya un estudio oculto, pero tendríamos que realizar otras muchas; por ejemplo: ¿Es un dios la fuerza? ¿Tienen los números vibraciones o algo así? ¿Quién lo sabe con certeza? Simplemente le pedimos que lo estudie y realice pruebas. Muchos creen que la historia de la numerología se remonta a más de 10.000 años. Pitágoras, por ejemplo, ese matemático griego que vivió entre 569 y 470 a.c., posiblemente fuera el creador de gran parte de esta técnica adivinatoria que hoy llamamos numerología. Creo que se ha escrito más sobre este asunto en este siglo que en todos los miles de años anteriores.

La numerología intenta explicar los fundamentos de esta interesante disciplina y nos enseña cómo cambiar las letras en su nombre por números, pues así revelan muchas de las facetas de su personalidad y el potencial que se oculta en su mente. Usted encontrará el modo de trabajar los bocetos que realizará con cada persona y establecer la clave de la numerología. También dispondrá de un sistema de trabajo que le ayudará a organizar y preparar la tarea de ensamblaje de todos los datos, para una lectura completa de los números de su nombre y fecha de nacimiento. Siguiendo este sencillo esquema, podrá preparar una lectura que incluirá su número del Camino de Vida, su número de Expresión, su Impulso del Alma, cumpleaños, sueños internos, Pináculos, Desafíos, regalos y limitaciones. Su año personal le dará pistas acerca de qué tipo es el año en el cual vive ahora y lo que puede esperar el próximo. Finalmente, cuando todo esté definido podrá prestar atención a su vida y sabrá dedicar sus esfuerzos personales a lugares y personas concretas.

INTRODUCCIÓN
A LA NUMEROLOGÍA

La numerología es quizá la más fácil de entender y usar de las artes ocultas. Todo lo que se necesita saber es la fecha del nacimiento y el nombre completo de un individuo para abrir todos los secretos que el manejo de estos números contiene.

Hay once números usados habitualmente en los mapas de numerología. Estos números son 1, 2, 3, 4, 5, 6, 7, 8, 9, 11 y 22. Los números mayores son el resultado de agregar los números en la fecha completa del nacimiento o los valores asignados a cada nombre. Lo que tiene que hacer es sumar los componentes de los números mayores (repetidamente, si es necesario) hasta lograr un solo dígito, representando cada uno características diferentes y expresiones.

El número maestro es la única excepción para reducir todo a un solo dígito. El maestro se logra al sumar los dos números 11 y 22, hasta convertirlos en uno simple (2 y 4). Estos números hacen pensar en un alto grado de aprendizaje y/o logros en un ambiente de tensión. En muchos individuos, los números maestros operan a un nivel mucho más tangible y práctico y se vuelven esencialmente iguales que un solo dígito paralelo.

También deberemos convertir su nombre de nacimiento a un número y el resultado de manejar letras sigue siendo el mismo que cuando lo hacemos simplemente con números. Aquí tiene un cuadro de los valores asignados a cada una de las letras de nuestro alfabeto:

| A-J-S = 1 | B-K-T = 2 | C-L-U = 3 | D-M-V = 4 | E-N-W = 5 |
| F-O-X = 6 | G-P-Y = 7 | H-Q-Z = 8 | I-R = 9 | |

LA CLAVE DE LAS PALABRAS

Aquí tiene las claves que describen los números que constituyen la base de nuestro ser:

1. La acción de iniciación, abrir camino, llevar, independencia, logros, individual.
2. Cooperación, adaptabilidad, la consideración hacia otros, mediador.
3. Expresión, verbalización, estatificación, artes, alegría de vivir.
4. Fundar, pedir, reparar, esforzarse contra los límites, crecimiento firme.
5. Expansibilidad, visionario, aventuras, uso constructivo de la libertad.
6. Responsabilidad, protección, nutrir, comunidad, equilibrio, simpatía.
7. Análisis, entendimiento, conocimiento, estudioso, que medita.
8. Los esfuerzos para practicar, estados de orientación y poder, metas de alto contenido material.
9. Humanitario, natural, desinterés, obligaciones, expresión creativa.
10. El plano espiritual más alto, intuitivo, iluminación, idealista, un soñador.

11. El maestro constructor, esfuerzos grandes, fuerza poderosa, dirección.

TRABAJO DE NUMEROLOGÍA

Esta hoja de trabajo se diseña para ayudarle a organizar los distintos elementos que usará cuando produzca una lectura de numerología.

Su número de Camino de Vida es ....:

Ponga el mes de nacimiento + el día de nacimiento + el año de nacimiento = el Número de Camino de Vida.

Cuando usted ha agregado cada uno de estos números en su nacimiento y fecha juntos, si el total es más de 9, sume los dos números hasta lograr un número más bajo de 9.

Excepción: no reduzca los números 11 o 22, los números maestros.

Su número de expresión es ....:

Su primer nombre: ....
Valor del número para cada letra: .... = ...

Su segundo nombre: ....
Valor del número para cada letra: .... = ...

Su último nombre: ....
Valor del número para cada letra: .... = ...

El valor del número total de su nombre (su número de la expresión) = ...

Cuando haya sumado cada uno de estos números de su nombre, si el total es más de 9, sume los dos números hasta un número más bajo de 9 o menor. Excepción: No reduzca los números 11 o 22, los números maestros.

ATRIBUTO E INTENSIDAD ESPECIAL DE LOS NÚMEROS EN EL NOMBRE

Lista de promedios según los números que se usan en su nombre:

.... 1s en nombre; el promedio es 3
.... 2s en nombre; el promedio es 1
.... 3s en nombre; el promedio es 2
.... 4s en nombre; el promedio es 1
.... 5s en nombre; el promedio es 4
.... 6s en nombre; el promedio es 2
.... 7s en nombre; el promedio es 1
.... 8s en nombre; el promedio es 1
.... 9s en nombre; el promedio es 3

CÓMO SE LEE LA NUMEROLOGÍA

La suma de los números en su fecha de nacimiento y la suma del valor derivado de las letras de su nombre proporcionan una interrelación de vibraciones. Estos números muestran una gran cantidad de datos sobre su carácter, su propósito en la vida, aquello que le motiva y cuáles son sus ocultas cualidades.

EL CAMINO DE VIDA... LA DIRECCIÓN BÁSICA EN ESTA VIDA

El número más importante que se discutirá aquí es su número de Camino de Vida. El Camino de Vida describe la naturaleza de esta jornada a través de la vida y es un número que se deriva de todos los números de su fecha de nacimiento. El número de Camino de Vida se establece con la fecha de nacimiento. Primero, convierta el mes a un solo número, entonces agregue este dato del individuo al cumpleaños, y los datos individuales del año del nacimiento. Los dígitos individuales se suman de nuevo, como requisito para reducir la suma a un solo dígito 1 a través de 9, o a los números maestros 11 o 22. Basado en su fecha del nacimiento, su número de Camino de Vida es...

SU CUMPLEAÑOS... CAMINO MODIFICADOR DE VIDA

El cumpleaños sirve para distinguir un poco y modificar la personalidad con los números de Camino de Vida. Los rasgos de la personalidad adicionales reflejados por el cumpleaños tienden a agregar dimensión al Camino de Vida y nunca son tan significativos como esa influencia.

SU EXPRESIÓN... SUS HABILIDADES Y ACTITUDES

El número de la Expresión se deriva de todas las letras en su nombre. Es el número que describe los talentos y actitudes a su disposición en esta vida, si usted escoge desarrollar y usarlos. Éste es su potencial o número de destino.

SU IMPULSO DEL ALMA... QUÉ LO MOTIVA Y MANEJA

El Impulso del Alma, derivado de las vocales de su nombre, es el motivador y estimulador de las acciones en su vida. Su Impulso del Alma ha dictado lo que está haciendo con su vida o lo que piensa que le gustaría estar haciendo. También, sus talentos naturales y cómo se reflejan por su expresión.

SU SUEÑO INTERNO... LO QUE USTED ANHELA TENER

El sueño interno puede ser la punta del alfiler en su subconsciente. La suma del valor de las consonantes en su nombre completo hace pensar en un sueño o un anhelo en su ser, que puede o no puede comprender. El número de sueño interno se comprende a menudo cuando este número es repetido anteriormente como uno de los números del centro.

Ejemplo:

Mi cumpleaños es el 8 de febrero de 1939 (2-8-1939). Agregue el mes (2) al día (8) más el total de los dígitos por el año (22). El total es 32. Entonces sume este número. 3 + 2 = 5; mi Número de Camino de Vida es el 5.

Esté seguro de agregar el año completo, no sólo los últimos dos dígitos, por ejemplo: 1939, no 39.

EL CAMINO DE VIDA

Tipo 1

Un paseo en esta vida está caracterizado por deseos individualistas, independencia y la necesidad para el logro personal. El propósito para ver cumplido este Camino de Vida es conseguir ser independiente. Éste es un proceso que se compone de una o dos partes:

1. Debe aprender a estar de pie en sus propios pies y a no depender de otros.
2. Después de que sea libre físicamente e independiente, debe aprender a ser un líder.

Muchos de nuestros generales, los líderes corporativos y los líderes políticos, son hombres y mujeres que tienen el Camino de Vida número 1. Ellos siempre tienen potencial para la grandeza y el liderazgo, pero pueden fallar como seguidores. Muchos gastan la mayoría de sus vidas por ser dependientes de alguna persona y, cuando pasa esto, tienen poco tiempo disponible para disfrutar los premios que han ganado a través de su pequeña independencia. El individuo con Camino de Vida tipo 1 tiene que superar un ambiente en el que le es muy fácil ser dependiente y difícil ser independiente.

Una persona con rasgos positivos del tipo 1 abunda en inspiración creativa, y posee el entusiasmo y la habilidad para lograr un gran trato. Su potencial para la acción viene directamente de la profundidad enorme de fuerza que tiene. Estas variedades físicas e internas de fuerza le proporcionan una determinación absoluta y la capacidad para llevar a buen fin sus empeños. Como líder natural, tiene olfato por encargarse de cualquier situación.

Con estas cualidades originales, se puede elegir el camino del inventor o innovador de cualquier materia, pues en cualquier trabajo que se escoja su actitud independiente se mostrará como muy positiva para los demás. Tiene igualmente necesidades personales muy fuertes y deseos, y siente que siempre es necesario seguir sus propias convicciones. Es una persona ambiciosa y entiende o debe aprender la necesidad para canalizar toda acción agresiva. Debe moderarse esta cualidad por razones sociales, pues su gran egoísmo puede causar daños a otros más débiles.

Cuando la persona del Camino de Vida tipo 1 no se desarrolla totalmente y al contrario expresa su lado negativo, la conducta puede parecer muy dependiente en lugar de independiente. Si está expresando este rasgo negativo del número 1, es probable que esté muy descontento con sus circunstancias y con su poca autosuficiencia. Esto se define como el lado débil o dependiente del 1 negativo del Camino de Vida. En el lado fuerte de esta curva negativa, la energía puede volverse también en su contra, siendo sumamente egoísta, y su excesiva autoconfianza le ocasionará una gran impaciencia.

Tipo 2

Los atributos positivos del tipo 2 del Camino de Vida producen personas sumamente sensibles, que generalmente tienen habilidad para ser delicados, equilibrados y justos. Usted ve el espectro lleno de puntos de vista claros en cualquier argumento o situación, y debido a esto las personas pueden buscarlo para ser un mediador. En este papel puede establecer disputas con el olfato más imparcial. Tiene una preocupación sincera para otros, quiere lo mejor de las personas y les concede igualmente lo mejor.

Es una persona totalmente honrada y de pensamiento abierto, incluso de palabra y hechos. Se siente inclinado a destacar cualquier actividad de grupo donde su especialización para el manejo y la mezcla de personas sea necesaria. Ostenta modales y tacto sumo en sus maneras sociales y, aunque es una persona de hábito y rutina, le gusta elegir su camino y modelo de vida familiar. Es consciente de sus compromisos y sabe mantener armonía en su ambiente, nunca inclinándose a agravar u ofender. Coleccionista natural, raramente dispone de algo que no pueda tener un gran valor.

El lado negativo del tipo 2 apenas es un problema. El mayor obstáculo y la dificultad que puede encontrarse son su pasividad y un estado de apatía y letargo. El tipo negativo 2 puede ser muy pesimista y lograr muy pocas cosas. Es innecesario decir que el negativo 2 no se mueve bien en el mundo comercial y por eso puede preferir un ambiente más amable y menos competitivo.

Tipo 3

El número 3 del Camino de Vida es una persona que da énfasis a la expresión, sociabilidad y creatividad como una lección bien aprendida en esta vida. Aquí nosotros estamos inclinados a encontrar a los entretenedores del mundo, personas luminosas, efervescentes, chispeantes, con actitudes muy optimistas. Un verdaderamente dotado tipo 3 posee las habilidades creativas más excepcionales, normalmente en el reino verbal, escribiendo, hablando, actuando, o en trabajos similares. La lección para ser aprendida con un tipo 3 es que este Camino de Vida se logra a través de la expresión. El lado luminoso de este camino enfatiza armonía, belleza y placeres, incluso de compartir sus talentos creativos con el mundo. Capturando su capacidad de autoexpresión creativa en el nivel más alto, puede lograr casi todo lo que se proponga en esta vida. Las características del tipo 3 son el carácter moderado y la amigabilidad, un buen conversador, social y abierto. En las pláticas analiza los diferentes puntos de vista y suele ser un deleite escucharle, pero, aún más pretenciosamente, también tiene la habilidad de escuchar a otros.

De acuerdo con ello, la vida de los individuos del tipo 3 será una suma de bienvenida a cualquier situación social y conseguirán que otros se sientan a su lado como en casa. La imaginación creativa está presente, aunque a veces latente, por lo que tendrá que desarrollar su talento si quiere emplearlo. El acercamiento a la vida tiende a ser sumamente positivo; sin embargo, su buena disposición le obligará a abrir el corazón. Deberá ser eficaz para evitar los muchos retrocesos que ocurren en la vida y lograr superarlos rápidamente. Normalmente, le será fácil tratar con problemas, porque en su interior admite que tengan que llegar, y lo único que debe hacer es solucionarlos.

Indudablemente tiene buenos modales y es muy consciente de los sentimientos de otras personas y sus emociones. La vida generalmente se vive así más plenamente, a menudo sin mucho cuidado sobre lo que ocurrirá mañana. Sin embargo, no es muy hábil para manejar dinero, debido a una falta general de preocupación sobre eso, y suele gastar lo que tiene y descuida sus ahorros.

En el lado negativo, un tipo 3 puede parecer que está encantado con la vida y manifiesta por ello una gran alegría de vivir, lo que le lleva muy cerca de una existencia frívola y superficial. Debe esparcir sus habilidades y tratar de profundizar en materias más intensas.

Para los demás puede ser un enigma, pues por razones extrañas se pondrá malhumorado y con tendencia a replegarse sin una causa manifiesta. Las tendencias escapistas no son raras en estas personas, y encontrará muy difícil establecerse en un lugar o posición. Debe evitar ser crítico con los demás, impaciente, intolerante o demasiado optimista.

Típicamente, la vida del tipo 3 da una habilidad superior a la media en alguna forma de arte. Esto puede abarcar la pintura, decoración de interiores, jardinería, destrezas plásticas, escritura, música, o incluso una suma de todas. Tiene gran inclinación para ser una persona feliz, inspirada, y que constantemente busca los estímulos de personas similares. Su naturaleza exuberante puede llevarle muy lejos, sobre todo si puede enfocar la vida para potenciar su energía y talento natural.

Tipo 4

El Camino de Vida con el número 4 es más fidedigno, práctico, y anclado en la tierra de los demás individuos, y son los miembros de la piedra angular de la sociedad. La meta de este Camino de Vida está en aprender a admitir órdenes y llevarlas a cabo con dedicación y perseverancia. Usted siempre exige tanto de sí mismo como pide a los otros. Tiene inclinaciones para ser un excelente organizador y proyectista, debido a su habilidad innata para ver las cosas con sentido común y manera práctica.

Tiene el tipo de poder en su pensamiento que le lleva a estar equivocado por pura obstinación. Una vez que toma una decisión, llevará a cabo la conclusión y nunca la corregirá, sea buena o mala. Es tan fijo en sus ideas y tiene tanta determinación para manejar las cosas a su manera, que siempre está seguro que pueden resolverse. Su tenacidad y propósito, así como su habilidad para conseguir el trabajo hecho sin fronteras, se convierte en obsesión.

Fiel y consagrado, procura ser feliz en su matrimonio y es un compañero comercial fidedigno. Los amigos pueden ser muchos en número, pero solamente estará muy cerca de algunos, pues una vez que hace amistad duran a menudo toda una vida.

El número 4 está sólidamente asociado con el elemento tierra, de la que obtiene su fuerza y el sentido absoluto de la realidad. Es, por ello, una de las personas más fidedignas que hay, y si tiene paciencia y determinación puede ganar todo en la vida, pues está convencido de que logrará un gran éxito.

El lado negativo de los 4 puede ser que demuestran ser dogmáticos en exceso, estrechos de miras y represivos. A muchas personas profundamente fieles les falta el tacto para impedir que los demás puedan expresar sus sentimientos y no acaban de ver claro a su alrededor. Adicionalmente, el negativo 4 tiene mala tendencia para también ponerse al día en la rutina diaria de sus asuntos y a menudo se equivoca y pierde por ello oportunidades mayores, que le llegarán de cuando en cuando.

Tipo 5

El Camino de Vida 5 es una persona normalmente muy versátil, aventurera y progresiva. Con un Camino de Vida 5, se trata de una de esas personas que siempre están esforzándose por encontrar respuestas a las muchas preguntas que la vida propone. Usted quiere ser totalmente libre, pues asocia la señal de libertad con la independencia. Aborrece la rutina y el trabajo aburrido, y no está predispuesto a quedarse con las tareas cotidianas que deben terminarse a tiempo. Es, sin embargo, un comunicador bueno, sabe motivar a las personas a su alrededor y se siente inclinado para ser algún tipo de maestro.

Una aventura amorosa puede dominar su vida. Esto le puede llevar a una forma de reserva mental o manifestación física, pero, en cualquier caso, siempre se sentirá tentado para buscar la oportunidad de explorar nuevos senderos. Indudablemente, tiene mucho talento, pero es probable que le falte algo de dirección y hay a menudo un poco de confusión en sus ambiciones.

En la aplicación más negativa para el uso de las energías, podría ponerse muy irresponsable en las tareas y decisiones que involucran su casa y negocio. La persecución total de buscar sensaciones y aventuras puede resultar contraproducente y hacerse indulgente con sus propios defectos, terminando, además, con hacer daño sin premeditación hacia los sentimientos de aquellos que están alrededor de usted. En las situaciones peores se podrá volver desconfiado y muy servil.

Como promedio, la personalidad del tipo 5 tiene más bien suerte, y eso que vive para hoy y no se preocupa demasiado por el mañana. Es importante para usted que sepa mezclarse con personas a quienes les gustan las materias intelectuales, e intente evitar aquellos que son demasiado serios y exigentes. También es importante que sepa buscar un trabajo que proporcione tareas interesantes intelectualmente, en lugar de la rutina y las responsabilidades redundantes, tales como las que desempeñan los funcionarios. Puesto que sabe tratar con las personas, lo más importante es que tenga libertad para expresarse en todo momento.

Tipo 6

La Vida Camino 6 indica que es una persona muy prominente en su naturaleza y tiene un fuerte sentido de responsabilidad. Usted es idealista, pero debe sentirse útil para estar contento. La contribución principal que puede hacer es dar consejos, servicios y apoyo en la vida. Éste es el Camino de Vida relacionado con la dirección y la responsabilidad; así que es su obligación recoger la carga y siempre estar listo para ayudar.

El Camino de Vida 6 debe ser compelido para funcionar con fuerza y compasión, una persona simpática y amable, generosa con los recursos personales y materiales. Sabiduría, equilibrio y entendimiento son las piedras angulares de este Camino de Vida. Su extraordinaria sabiduría y la habilidad para entender los problemas de otros suponen una inclinación natural desde edades tempranas, que le permiten medir fácilmente el hueco entre las generaciones y asumir pronto un papel importante en la vida. Mientras que el tipo 6 puede asumir grandes responsabilidades en la comunidad, la vida se revuelve perfectamente alrededor de su casa y familia, pues es usted una persona muy hogareña.

La mayoría del tipo 6 son personas positivas que de buena gana llevan mucho más que su justa porción de carga y siempre están allí cuando se les necesita. Usted es muy humano y realista sobre la vida, y siente que la cosa más importante en su vida es la casa, la familia y los amigos.

El número 6 produce pocos ejemplos negativos realmente, pero hay algunas trampas peculiares en el camino. Evite la tendencia para agobiarse por responsabilidades y no sea esclavo de otros. También, evite ser demasiado crítico (de usted o de otros). El mal uso de este Camino de Vida produce tendencias hacia la exageración, la fuerte expansibilidad y la rectitud extrema. Debe evitar imponer sus puntos de vista de manera que interfiera en los demás o se entremeta en asuntos que no le conciernen y que solamente le darán preocupaciones. Las cargas naturales de este número son pesadas, y en ocasiones raras, pues la responsabilidad parece adjudicada a este Camino de Vida 6. Cierto rechazo de esta responsabilidad le hará sentirse culpable e intranquilo, y tendrá efectos muy perjudiciales en sus relaciones con otros.

Tipo 7

Una persona con Camino de Vida 7 es un alma pacífica y afectuosa, y por naturaleza bastante reservada y analítica. Se refleja la fuerza aplastante del número 7 en la profundidad de su pensamiento, pues almacenará conocimientos de prácticamente cada fuente que encuentre. Intelectual, científico y estudioso, no acepta una premisa hasta que haya disecado el asunto y llegado a una conclusión independiente. Éste es un número igualmente espiritual y denota a menudo una clase de sabiduría espiritual que se pone clara desde una edad bastante temprana. Necesita mantenerse algún tiempo al día callado para estar con sus propios pensamientos internos y sueños. Usted detesta las muchedumbres, el ruido y la confusión, pero se siente muy completo en su trabajo, siendo un perfeccionista que espera de todos los demás las mismas normas de comportamiento.

Evalúa las situaciones muy rápidamente y con exactitud asombrosa. Confía en sus experiencias y su intuición, en lugar de aceptar consejo de alguien, pues sus conclusiones son normalmente muy exactas, y, sabiendo esto, es una persona que tiende a seguir las direcciones que usted mismo elige. Es fácil descubrir a las personas falsas y eso le lleva a no pocas decepciones; por eso no quiere tener un círculo ancho de amigos, pero una vez que acepta a alguien como su amigo es para toda la vida. Usted realmente no es una persona muy social, al menos en el sentido habitual de estar siempre buscando estar con personas, y su reserva se toma a menudo como un deseo de alejamiento. Realmente no es así en absoluto, pero esto le supone que muchas personas de mente vacía le den la espalda, lo que le lleva a cierto sentimiento básico de inseguridad. Le gusta realmente estar solo, lejos del empujón y bullicio de la vida moderna, pero, paradójicamente, prefiere vivir en una gran ciudad antes que en un tranquilo y aburrido pueblo rural.

En el uso más negativo de las energías 7, usted puede ponerse muy pesimista, indiferente, pendenciero y callado. Un mal Camino de Vida 7 ocasiona un individuo que no está viviendo totalmente y quiere ganar solamente a través de experiencias, pues es una persona dura con una falta seria de consideración y que adopta siempre una actitud negativa. Puede ser muy egoísta y negligente, y si tiene cualquiera de los rasgos mencionados anteriormente le será muy difícil librarse de ellos, porque tiende a sentir que el mundo realmente le debe algo, o de alguna manera no está tratándole justamente. Afortunadamente, el negativo 7 no es el típico 7, por lo menos no sin algunos rasgos positivos que lo mitiguen. Este número es el que más cambios importantes requiere, pues la estabilidad en los sentimientos puede ser muy huidiza.

Tipo 8

Con el Camino de Vida del número 8 tendrá la vida enfocada a aprender dónde puede encontrar las satisfacciones en el mundo material. La Vida Camino 8 produce mucha gente poderosa, segura, y personas con éxito material. Se sentirá inclinado a ser muy independiente, poderoso y competitivo. Su rutina está envuelta en los asuntos prácticos, asuntos con los pies en la tierra, y con poco tiempo para los sueños y visiones. Querrá usar sus ambiciones, su habilidad orgánica y su acercamiento eficaz a la realidad para levantar un nicho satisfactorio para usted. La mayoría de sus preocupaciones involucran dinero y aprender a conservar el poder que llega de su destreza para manipular a la gente. Este Camino de Vida es quizá en el que está más interesado y deseoso de lograrlo, como un acompañamiento para el éxito material.

Si es un 8 positivo, estará dotado de un tremendo potencial para concebir esquemas de largo alcance e ideas, y también poseerá la tenacidad e independencia para llevarlos a cabo. Para abreviar, está bien provisto para la competición en el mundo comercial o en otros campos competitivos laborales. En ellos se encuentra hábil y los sabe manejar. Es una persona práctica y pertinaz en la persecución de sus objetivos mayores, pues tiene el valor de estar seguro de sus convicciones cuando quiere arriesgarse para conseguir algo.

El 8 negativo puede ser dictatorial y a menudo suprimir el entusiasmo y los esfuerzos como miembro de una comunidad o empresa. La fuerza de su propia personalidad excluye sentimientos íntimos para otras personas con quienes entra en contacto. Las ganancias materiales y los premios a menudo se convierten en problemas de suma importancia, pues para conseguirlos incluso abandonará a su familia y casa, y perderá la paz en su mente. La dedicación para conseguir el éxito puede volverse una obsesión y los sentimientos emocionales son suprimidos a menudo, produciendo aislamiento y soledad.

Tipo 9

Las llaves de la naturaleza del número 9 del Camino de Vida son la compasión, la generosidad y una gran actitud humanitaria. Ésta es la lección que debe aprenderse en esta vida. Normalmente, este número produce un individuo que es muy fiel y honorable, y es improbable que albergue cualquier clase de prejuicio. Obviamente, ésta es una misión bastante alta, pero usted es, de hecho, una persona que siente profundamente que otros individuos son menos afortunados que usted, y si está en una posición adecuada para ayudar, ciertamente lo hará.

Tiende a ser bastante sensible, pues frecuentemente ve el mundo con mucho sentimiento y compasión. Los 9, siendo la cifra más alta de los números solos, sostienen una posición elevada y proponen ciertas responsabilidades. El propósito de la vida para ellos es de naturaleza filosófica. Jueces, líderes espirituales, sanadores y educadores frecuentemente tienen mucha energía. Las ganancias materiales no son demasiado importantes, pero la calidad del camino de vida de estas personas es tal que ellos se premian materialmente de maneras muy significativas. A menudo, el número 9 requiere una actitud muy generosa y regalar posesiones materiales para el bien común. Incluso el promedio de las personas de este número poseen tendencias sumamente compasivas. El deseo de ayudar a otros, sobre todo en los problemas económicos de los menesterosos, es muy fuerte. Se siente inclinado frecuentemente a ayudar y por ello es usado maliciosamente por otros, lo que le llevará a no pocas decepciones. Su generosidad será mal empleada y abusarán de ella.

El número 9 entiende muy profundamente la vida y a veces se manifiesta en los campos artísticos y literarios. Aquí puede poder expresar sus profundos sentimientos emocionales a través de la pintura, la escritura, la música u otras formas de arte. A menudo, sin embargo, suele tener mucha dificultad para encontrar una forma de expresión artística conveniente para sus intereses personales y económicos. Los 9 normalmente están satisfechos de ayudar en las profesiones curativas, siendo menos frecuente verles en un ambiente comercial competitivo.

Tiene la habilidad de hacer amigos muy fácilmente, pues atrae a las personas con su personalidad magnética, abierta. Posee un regalo especial, que solamente se encuentra en personas comprensivas, y si lo usan correctamente puede ser de gran beneficio a otros. Su interés por las personas tiende a hacerlo bastante social, aunque su naturalidad gusta igualmente y le encuentran simpático, tolerante y liberal. De todas maneras, es una persona romántica y puede perderse en sus amores y pasiones. Estas relaciones pueden ser difíciles para ellos, sin embargo, porque es difícil encontrar un equilibrio que le proporcione tranquilidad. Si su compañero/a es alguien que comparte sus actitudes, la relación será feliz y duradera, pero materialmente muy difícil. Por otro lado, si escoge alguien que gusta de los bienes materiales, dando importancia a las posesiones y a las joyas, los problemas llegarán rápidamente.

Como todos los caminos de vida, los números 9 tienen su lado negativo y, debido a su naturaleza exigente, muchos tienden a fallar en esta categoría. No es raro para las personas del 9 tener que luchar contra las realidades y desafíos impuestos por la vida, pues su desinterés por estos temas les pone en una difícil situación. Puede el 9 tener dificultad para asimilar lo de dar lo mejor de sí mismos a los demás, y esa falta de ambición personal puede conducirle a la desgracia. Debe comprenderse a sí mismo y aceptar que la felicidad casi siempre llega a largo plazo, y que el día a día solamente proporciona pequeños retazos de felicidad, gratificantes, pero muy cortos. Puede emplear sus inclinaciones humanitarias naturales, pues éste es su destino, pero no se olvide que la caridad bien entendida...

Tipo 11

El número 11 del Camino de Vida tiene la connotación de la iluminación que describe su enfoque general. Éste es el número asociado con el conocimiento espiritual. Como uno de los dos números maestros, once vibraciones proporcionan entendimiento y conocimiento más allá de lo que perciben los demás. La actitud hacia la vida de aquellos que poseen este Camino de Vida es algo extrema: sumamente intuitiva, vanguardista, idealista, visionaria y culta. Estos extremos le hacen muy interesante, posiblemente una persona rara, con mucho para ofrecer a la sociedad. El Camino de Vida 11 aporta una persona de pensamiento profundo, que está indudablemente interesada en entender muchos de los misterios de la vida y las facetas más intrigantes. Su mente inventiva y la visión liberal le permitirán tener éxito en la vida en cualquier número de venturas. Puede servir mejor a la sociedad, sin embargo, si esos esfuerzos y habilidades los utiliza para aconsejar y guiar. Gran parte de su idealismo le servirá para orientar a las personas y para realizar actos humanitarios. Usted espera mucho de sí mismo y de aquellos que le son íntimos.

En el lado negativo hay mucha tensión nerviosa asociada con el Camino de Vida 11, y puede ser una persona difícil para compartir, debido a esto. Por ello, las relaciones, en ciertos momentos, pueden ser difíciles. Esto es porque un Camino de Vida que parece ofrecer mucho humor gira entre el júbilo y la depresión. Probablemente, tendrá problemas tomando decisiones y consiguiendo su vida en algún sentido, por así decirlo. Hay una tendencia para los 11 en albergar sentimientos de inquietud y estar descontentos con los logros y el progreso personal en la vida. Sus esquemas grandiosos normalmente tienen sentido, pero pueden ser irreales o poco prácticos. Tiene un lado muy distinto en el que falta el sentido común, y a menudo es bastante incapaz para distinguir entre la fantasía y la realidad. Debe admitir que quizá es más un soñador que un hacedor. Esto no es malo, pues soñando también se alcanza la felicidad, pero tenga en cuenta que las ideas no hay que pensarlas solamente, hay que ponerlas en práctica. Quizá usted no sea un líder, pero indudablemente es un visionario y una persona de ideas muy importantes.

Tipo 22

El Camino de Vida 22 es el más alto de los dos números maestros, y el más poderoso de todos los números del Camino de Vida. Como tal, también le es más difícil vivir y cumplir sus deseos. Está dotado de muchos poderes y ellos le permitirán alcanzar cualquier altura en la vida. Un Camino de Vida verdaderamente positivo es este 22, y si está equipado con una educación conveniente, puede ser un constructor de la sociedad. Su naturaleza idealista se conecta con la tierra en términos prácticos y le permite concebir esquemas grandiosos, de largo alcance, y llevarlos a cabo al final. Si desea y está deseoso de trabajar para ello, puede lograr un éxito enorme, prestigio y fama. Obviamente, no todos con este Camino de Vida nos haremos famosos, pero puede haber comprendido que tarde o temprano en la vida conseguirá sus deseos, pues tiene la capacidad para lograr un gran logro con un esfuerzo relativamente pequeño.

Varios números de Camino de Vida poseen comprensión espiritual especial; sin embargo, los 22 son únicos en este camino y tienen gran comprensión, pero también la habilidad de aplicar los conocimientos de una manera práctica. Hay muchos propósitos en su vida y ven sus tareas y obligaciones como algo perfectamente controlado emocionalmente y de manera determinada.

Realmente hay que negar que las personas 22 sean muy raras. Cuando se presentan, su poder es muy positivo, aunque las motivaciones pueden estar en una vena negativa y ser muy dictatoriales, insensibles y dominadores. La mayoría de las personas 22 entran en una categoría media que todavía tiene la habilidad suficiente para alcanzar grandes alturas dentro de sus campos escogidos. La habilidad de controlar las emociones puede ayudarle en el mundo comercial. Éste es un Camino de Vida poderoso, pues le proporcionará ganancias materiales que le llevarán a lo más alto, y eso lo puede lograr a menudo ayudando a la humanidad.

LA EXPRESIÓN DEL NÚMERO

El número derivado de todas las letras de su nombre de nacimiento es lo que se llama Expresión o Número de Destino. Aunque este número se denomina con los dos nombres, será mejor que le mencionemos como Expresión. Éste es el número que describe los talentos y actitudes, y su disposición en esta vida, siempre que sepa escoger, desarrollar y usar lo que el destino le muestra. Esto a veces es llamado como su potencial o destino. Mantener los atributos de este número no puede ser fácil, pero es su meta aquí y ahora. Es el propósito de su vida, la misión espiritual y su campo de oportunidad. Al contrario del número de Camino de Vida que hemos comentado, el Número de Expresión se lee más correctamente y con mayor facilidad.

Tome cada nombre separadamente y sume los valores de las letras que usan el mapa de la conversión que hay en la página siguiente. Reduzca a un solo dígito o número maestro. Entonces agregue los resultados de todos los nombres para llegar al número de la expresión de un dígito o número maestro.

No use apodos, nombres supuestos ni desviaciones que son habituales, y omita cualquier parte no inmersa en el nombre de nacimiento. Úselo tal como aparece en el certificado de nacimiento. No se preocupe por los cambios de nombre (nombre, casado, etc.), simplemente quédese con el nombre del nacimiento completo. No cuente palabras como hijo, señor, III, etc.; solamente el nombre.

La única excepción a esto es la posible adopción después del nacimiento, y aquí el nombre empleado será el de la casa que le ha adoptado.

Aquí verá cómo convertir las letras de todos los nombres a un Número de Expresión:

1	2	3	4	5	6	7	8	9
A	B	C	D	E	F	G	H	I
J	K	L	M	N	O	P	Q	R
S	T	U	V	W	X	Y	Z	

EJEMPLO DE NÚMERO DE EXPRESIÓN:

David Michael McClain, David igual a 22 o 4, Michael igual a 33 o 6, y McClain igual a 28 o 1. El número de la Expresión es 4 + 6 + 1 = 11. 11 es un número maestro que no se reduce más allá. Mi Número de Expresión es 11.

Expresión número 1:

Denota al ejecutivo experimentado con capacidades administrativas perspicaces. Debe desarrollar la capacidad para ser un líder elegante, un ejecutivo de ventas o un promotor. Tiene las herramientas para convertirse en una persona original con un acercamiento creativo al problema a resolver, y una propensión para comenzar la acción. Alguien puede tener que seguirlo para llevar en la sombra los pequeños detalles, pero debe saber cómo conseguir las cosas que desea y hacer que las cosas ocurran. Tiene una buena mentalidad y la habilidad para usarla en su provecho. Debido a estos factores, tiene mucho potencial para lograr premios financieros. Frecuentemente, esta expresión pertenece a un ejecutivo o alguien que se esfuerza por lograr un nivel alto y que sabe potenciar sus talentos y esfuerzos. Necesita una pequeña vigilancia para su trabajo, aunque prefiere actuar en solitario y tomar sus propias decisiones. Es ambicioso y determinado, seguro de sí mismo, confiado en sus habilidades, aunque ello le lleva a desarrollar un pensamiento inflexible, fuerte, pues ello le refuerza el valor de sus convicciones.

Aunque usted teme a la soledad, con frecuencia quiere estar solo. Teme la rutina y estar haciendo siempre lo mismo en la vida, por ello salta frecuentemente de una actividad a otra sin perder de vista las anteriores.

Los atributos negativos de la Expresión 1 son el egoísmo y un acercamiento egoísta a la vida. Éste es un número agresivo y si no se le pone freno es muy difícil vivir con él. Se le recomienda no ser demasiado agresivo para poder cumplir su destino. El 1 tiene un instinto natural para dominar y ser el jefe, adquiriendo por ello la categoría de líder, pero para ello considera que tiene que dominar y destruir, manejar y llevar de la mano.

Expresión número 2:

Posee las herramientas para trabajar muy bien con otras personas. Su destino está en el papel del mediador y el pacificador. De muchas maneras usted es dependiente de otros y parece funcionar mejor en una sociedad o en alguna forma de actividad de grupo. La modestia corre profundamente en su naturaleza y puede trabajar cómodamente sin reconocimiento de sus logros. A menudo, otros consiguen crédito por sus ideas, y esto es su preocupación real, pues le gusta ser útil y que no le quiten sus méritos. Cuando se desarrolla en esta dirección, se pone sensible a los sentimientos de otros, siendo un gran diplomático manejando situaciones complicadas. Cooperativista, atento y considerado, tiene la capacidad de ser una persona que resuelve excelentemente los problemas, pues sabe cómo organizar y manejar a las personas. Es una persona detallista porque raramente se le pasa por alto algo. Diplomático y amistoso, gusta a casi todos.

La parte negativa de la personalidad 2 puede ser que se muestre demasiado sensible y fácilmente herido. Igualmente, tiene muy acentuada su predisposición a la timidez e incertidumbre. A veces el 2 tiene energías excesivas y esto le hace terminar siendo apático y algo indiferente al trabajo. Aun así, permanece su habilidad para manejar los detalles.

Expresión número 3:

Debe desarrollar una búsqueda para encontrar la fórmula que le permita una gran variedad de oportunidades que incluyen escribir y hablar, cantar, actuar o enseñar; también puede ser amenizador de eventos y fiestas, escritor, abogado, maestro, vendedor de cualquier cosa y compositor. Así mismo tiene el destino para vender su imagen o cualquier otro producto disponible. Es imaginativo en su presentación y posee amplios talentos creativos en las artes, aunque éstos probablemente estarán latentes. Es una persona optimista que parece entusiasmarse con la vida por el simple hecho de vivir. Usted es amistoso, cariñoso y social, y a las personas les gusta porque le notan encantador y un buen conversador. Su habilidad para comunicar puede inspirar a menudo a otros, pues su papel en la vida es inspirar y motivar, para levantar el ánimo a su alrededor.

El lado negativo de la Expresión número 3 es la superficialidad. Puede tender a esparcir sus fuerzas y simplemente también ser lento. Es aconsejable para el negativo 3 evitar dedicarse a materias triviales, sobre todo la chismografía. Ya sabe lo que dice la Biblia: «Quien juzgue, será juzgado.»

Expresión número 4:

Pida, repare y encuentre la dirección de las piedras angulares. Su destino es expresar habilidades en la organización de la vida en general, con un gran acercamiento a la realidad. Es el tipo de persona que siempre trabajará en proyectos que requieran mucho trabajo e incluso cuando se necesite realizarlos en horas extras. Su gran paciencia y detalle le permiten llegar a ser un especialista en campos como construir y diseñar, y todas las formas de arte. Sus habilidades para escribir y enseñar pueden apoyarle en las materias más técnicas y detallistas.

Las actitudes positivas de la Expresión 4 rinden responsabilidad y pasará muchos años en su vida en la cual no tendrá ninguna duda, cumplirá sus obligaciones y será muy sistemático y ordenado. Usted es serio y sincero, honrado y fiel. Su papel para ayudar le exige que haga siempre un buen trabajo en todo lo que emprenda.

Si hay algo que le reste energía, puede expresar algunas de las actitudes negativas del número 4. Las obligaciones que tenga le pueden llevar entonces a la frustración y a sentimientos de limitación o restricción. A veces puede encontrarse alimentando actitudes negativas y éstas pueden permanecer ocultas y llevarle a un humor bastante bajo. Evite ponerse demasiado rígido, terco, dogmático y fijo en sus opiniones. Puede tener tendencia a desarrollar y sostener fuertes discusiones y llegar a detestar por ello a sus interlocutores, lo que indica una tendencia al prejuicio.

El lado negativo del 4 produce a menudo individuos dominantes y mandones que acostumbran a ordenar en exceso, pero estas tendencias deben evitarse. Finalmente, como casi todos los de la Expresión 4, debe mirar la vida con un gran ojo, abarcando todo el bosque, en lugar de mirar el detalle y la rutina.

Expresión número 5:

Dotado de características maravillosas, múltiples talentos y versatilidad, usted puede hacer bien cualquier cosa. El tono del número 5 es la libertad constructiva, y para lograr esta libertad deberá ser el dueño de su vida, pero teniendo una gran adaptabilidad para modificar su rumbo siempre que sea necesario. Suele tener muy buenas ideas y sabe acercarse a las personas para conseguir lo que quiere. Naturalmente, esto le da una gran ventaja en cualquier clase de técnica de venta y su hechizo personal le permite el éxito fácil cuando tiene que trabajar con personas en cualquier tipo de trabajo. Su popularidad puede llevarle hacia alguna forma de función o entretenimiento, pero, además, cualquier cosa que haga la realizará bien, pues es una persona diestra, analítica, y un pensador muy rápido.

Si hay demasiada energía en el 5, puede expresar algunas actitudes negativas. Su actitud inquieta e impaciente puede impedirle quedarse demasiado tiempo en cualquier proyecto. A veces puede ser bastante errático y esparcir sus energías. Suele dedicar mucho tiempo y trabajo a sus horas de oficina regulares y mantener cualquier clase de rutina. Tiende a reaccionar fuertemente si se da cuenta de que su libertad para hablar o de acción está dañándose o se restringe de alguna forma. Tan diestro como es, puede tener tendencia a cometer los mismos errores una y otra vez, porque muchas de sus respuestas son más una reacción locuaz que un acto de meditación. Está en un estado continuo de flujo y por ello sus intereses son constantemente cambiantes.

Expresión número 6:

Proporciona un sentido verdaderamente excelente de la responsabilidad, el amor y el equilibrio. Los 6 son útiles y tienen una mente muy profunda, siendo bastante capaces de rectificar y equilibrar cualquier clase de situación inarmónica. Son personas muy inclinadas a dar ayuda y confortar a aquellos que les necesitan. Tienen una propensión natural para trabajar con los ancianos, pero también con los muy jóvenes, los enfermos o los menesterosos. Aunque pueden tener talentos creativos y artísticos considerables, las oportunidades en las cuales se consagrarán serán de una ocupación en donde muestren preocupación por la mejora de la comunidad. El lado positivo del número 6 sugiere que es una persona amada, amistosa y apreciada por otros. Tiene una gran profundidad para entender todo y eso le hace muy simpático, bondadoso y generoso. Las calidades del 6 son las de un buen padre y una persona muy interesada, y a menudo profundamente involucrado en las actividades domésticas. La franqueza y la honestidad están claras en todas sus relaciones.

Si hay un exceso del número 6 en su composición, usted puede exhibir algunos de los rasgos negativos asociados con este número. Puede haber tendencia para exigir a los demás mucho más de lo que usted les ofrece. Debe considerar que tiene que realizar sacrificios por los demás y cuidar el bienestar de otros. En algunos casos, el número 6 es muy celoso y tiene dificultad para distinguir la libertad con la infidelidad. También hay problemas para expresar su propia individualidad, debido a que no le gusta verse involucrado en responsabilidades y causas. Como todos con la Expresión del número 6, es bastante probable que usted se preocupe demasiado.

Expresión número 7:

El pensamiento, análisis e introspección son todos ellos característicos de la Expresión número 7. El sello del número 7 tiene una buena mente, y especialmente buena para investigar fuera y encontrar la verdad. Usted es por ello muy capaz de analizar, juzgar y diferenciar, incluso los elementos pequeños en la vida, sin que se le escape nada a su observación y comprensión.

Es el tipo de persona que realmente puede involucrarse en la búsqueda de la sabiduría o las verdades ocultas y puede llegar a ser a menudo una autoridad en cualquier cosa que esté interesado. Esto puede ser fácilmente de naturaleza técnica o científica, o puede ser religioso u oculto, algo sin importancia o interesante, pues cualquier conocimiento tiene valor. Necesita hacerse a sí mismo maestro, pues no necesita un guía, y, debido a una inclinación natural hacia lo espiritual, puede interesarse profundamente en asuntos religiosos o incluso en las exploraciones psíquicas.

Tiende a operar en una longitud de onda bastante diferente, y muchos de sus amigos realmente no pueden conocerle muy bien. Los aspectos positivos de la Expresión 7 son que se trata de un verdadero perfeccionista en el sentido positivo de la palabra. Es una persona muy lógica, y normalmente emplea un acercamiento bastante racional a la mayoría de las cosas que hace. Puede ser tan racional en ciertos momentos que casi parece carecer de emoción, y cuando se enfrenta con una situación emocional puede tener cierto problema para demostrar interés. Tiene excelente capacidad para estudiar y aprender asuntos muy profundos y difíciles, y para buscar principios ocultos. En la madurez será probablemente una persona muy pacífica y equilibrada.

Los aspectos negativos del número pueden estar claros. El principal efecto negativo del 7 se relaciona con el grado limitado de confianza que puede tener en las personas. Hay una gran tendencia a ser muy introvertido y eso puede hacerle un poco egoísta, y ciertamente muy autónomo. Debido a esto, no es muy adaptable, y puede tender a ser demasiado crítico e intolerante. Le gusta realmente trabajar en solitario, a su propio paso y de su propia manera.

Expresión número 8:

Su Expresión está representada por el número 8 y eso quiere decir que está bien provisto en un sentido directo. Tiene capacidades orgánicas y administrativas excelentes y un gran potencial para logros considerables en los negocios u otras posiciones poderosas. Puede esperar recibir premios financieros y materiales, pues tiene la habilidad para establecer u operar un negocio con gran eficacia.

Posee buen juicio cuando dispone de dinero y es hábil para encontrar oportunidades económicas, ya que entiende cómo construir y aumentar la riqueza material. Gran parte de su éxito (o falta de) puede venir debido a su habilidad (o incapacidad) para juzgar a las personas. Con la Expresión número 8 ejerce buen juicio en la mayoría de sus asuntos, siendo realista y práctico en su acercamiento a los asuntos de negocios.

La parte positiva del 8 produce individuos muy ambiciosos y bien orientados y, si la energía no está en exceso

en su composición, expresará estos rasgos indudablemente a una gran altura. Nadie tiene más energía que
una persona con la Expresión 8 y solamente necesita un
plan para empezar a trabajar. Nadie tiene más autoconfianza y, si sabe expresar las calidades positivas del 8,
será un gerente excelente, porque puede planear, comenzar y realizar bien los proyectos, pues es eficaz y determinado.

Como siempre pasa, puede haber demasiado de una
buena cosa. Si tiene demasiada energía en su composición, puede expresar algunas actitudes negativas. Un
negativo 8 puede ser muy rígido y terco. La ambición a
veces se le desborda y le domina, y puede demostrar una
impaciencia irrazonable ante la falta de progreso. Si su
lado negativo está fuera, también puede estar exigiendo
mucho a los demás y a usted. A veces esto puede llevarle
incluso a la intolerancia.

El número 8 es muy materialista y también muy deseoso de poder. Ninguna de estas características es inherentemente negativa, a menos que se empleen en exceso.
Debe evitar la tendencia a fatigarse para conseguir dinero,
bienes materiales, posición social o poder, todo ello cosas
que usted considera muy importantes en su vida.

Expresión número 9:

La Expresión que representa el número 9 es de un
gran talento humanístico y sociabilidad. Le gusta ayudar a otros, pues se considera que es el «hermano
mayor». Opera mejor cuando sigue sus sentimientos y
sentido de la compasión, y se puede permitir ser sensi-

ble a las necesidades de otros. Trabaja bien con personas y tiene el potencial para inspirar. Esto sugiere que pudiera enseñar con éxito o podría aconsejar acertadamente a los demás.

De habilidad creativa, imaginación y talento artístico (a menudo latente), todas estas cualidades posiblemente aún no estén presentes. Es posible que no esté usando o desarrollando todas estas capacidades en este momento y algunos de sus talentos se pueden haber usado en una época anterior en su vida, incluso algunos todavía pueden estar latentes. Sea consciente de sus capacidades, para que pueda hacer uso de ellas en momentos apropiados.

Si puede lograr el potencial de su expresión natural en esta vida, será capaz de mucha comprensión humana y tendrá mucho que dar a otros. Sus ambiciones personales probablemente serán mantenidas en una perspectiva muy positiva, siempre mirando el interés de las personas, y un punto de vista simpático, tolerante y compasivo. Es bastante idealista y le defrauda la falta de perfección en el mundo. Tiene un fuerte conocimiento de su propio sentimiento, así como de los otros. Las amistades, el afecto y el amor son sumamente importantes.

Subdesarrollado o ignorado, el lado negativo de la expresión 9 puede ser muy egoísta. Si no se involucra activamente con un trabajo que beneficie a otros, puede tender a expresar simplemente las características opuestas. Necesita un papel en el cual esté muy involucrado con otras personas y sus necesidades, pero puede ser difícil lograrlo. Alejamiento, falta de envolvimiento y falta de sensibilidad pueden ser las facetas negativas de esta Expresión.

Expresión número 11:

El número 11 es el primero de los números maestros. Está asociado con conceptos idealistas y con los problemas espirituales. De acuerdo con ello, es un número con potenciales, pero que ocasiona una vida más difícil. Usted tiene la capacidad de estar inspirado y la habilidad de dejarse llevar por su propio ejemplo. Una fuerza interna innata y conocimiento pueden hacerle un maestro excelente, un asistente social, un filósofo o un consejero. No importa el área de trabajo en la que esté inmerso, pues es muy consciente y sensible al sentido más alto de su ambiente. Su intuición es muy fuerte; de hecho, muchas personas psíquicas y los involucrados en estudios ocultos tienen el número 11.

Posee también una mente buena con una habilidad analítica perspicaz. Debido a esto, puede tener éxito probablemente en la mayoría de los trabajos; sin embargo, se sentirá más a gusto y eficaz fuera del mundo comercial. Extrañamente, también podrá tener éxito en cuestiones muy humanitarias, pues, no obstante, se siente más satisfecho con sus ideales, en lugar de los dólares.

El aspecto positivo del número 11 es siempre la actitud idealista. Su pensamiento es muy profundo y complejo, y puede notar los efectos a largo alcance de sus acciones y planes. Se siente defraudado por las mentes superficiales de muchos de sus contemporáneos y está profundamente interesado por el arte, la música o la belleza en cualquier forma.

Las actitudes negativas asociadas con el número 11 incluyen un sentido continuo de tensión nerviosa, pues

— 45 —

puede ser demasiado sensible y temperamental. Tiende a soñar mucho y puede ser más un soñador que un hacedor. A veces se entremezclan fantasía y realidad, y a veces es poco práctico. Tiende a querer extender la iluminación de su conocimiento a otros, independientemente de su deseo o necesidad.

Expresión número 22:

Su Expresión está representada por el número maestro 22. La palabra importante para el número 22 es que es un constructor de dirigentes. Éste es un número muy duro para trabajar, porque es capaz de proporcionar grandes logros. No tenga ninguna duda de que será sumamente capaz en cualquier trabajo que escoja en la vida. Está equipado para llevar tareas importantes, sobre todo en el mundo material. Así, la referencia para dominar es la de constructor. Los 22 poseen calidades únicas y a menudo los acercamientos son muy poco ortodoxos para el problema a resolver. Se sienten inclinados a ser líderes muy fuertes, a ser alguien que no tiene miedo de llevar a los demás en otras direcciones. Sus percepciones están bien más allá de la norma.

Cuando la Expresión 22 opera dentro en una vena positiva, estará dotado para un acercamiento más práctico, pero este sentido práctico o material se templa con un conocimiento de fuerzas espirituales. Es una persona muy idealista, con habilidades materiales para construir y desarrollar cosas buenas para la Humanidad. En un positivo 22, la fuerza interna es claramente visible y, si la desarrolla, esta fuerza poseerá el carisma para atraer a las personas.

Si se expresa de una manera negativa, los 22 pueden acentuar métodos poco ortodoxos, llegando incluso a la excentricidad. Esta expresión negativa también puede ser muy dominante.

EL IMPULSO DEL ALMA

El Impulso del Alma o, como a veces se llama, el Deseo del Corazón, es una influencia de centro muy importante en numerología. Este número se hace con las vocales (a, e, i, o, u), aunque una Y es una vocal cuando no hay ninguna otra vocal en una sílaba (Lynn o Carolyn) y cuando es precedida por una vocal y se parece como una sola (Hayden.)

La suma de todas estas letras, convertidas a números y reduciéndolas a un solo número o un número maestro, es su Impulso del Alma. Esto significa su deseo interno, lo que le gusta y detesta. Este número denota lo que usted valora la mayoría de las veces y que debe tener en cuenta para el Camino de Vida (lo que usted es en el momento de nacer) y Expresión (lo que se convertirá en la vida).

Impulso del Alma número 1

Con el 1 como número de Impulso del Alma, usted quiere llevar y dirigir, trabajar independiente de cualquier vigilancia, directa o secundariamente. Se enorgullece de sus habilidades y quiere ser reconocido por ellas. Puede buscar oportunidades para desplegar su fuerza y utilidad, y puede querer crear y originar cosas nuevas. En su deseo de manejar una gran parcela y los problemas principales, puede dejar a menudo los detalles a otros.

El Impulso positivo 1 es ambicioso y determinado, un líder que busca oportunidades. Hay mucho de honestidad y lealtad en este carácter. Si posee un positivo 1 y calidades de Impulso del Alma, estará muy bien orientado y manejará todo con éxito. Es un amigo fiel y estrictamente justo en sus tratos comerciales.

El lado negativo del Impulso del Alma 1 debe evitarse. Un negativo 1 estará inclinado a dominar las situaciones y las personas: la casa, el cónyuge, la familia y el negocio. Las emociones no son fuertes en esta naturaleza, pero si posee un exceso de energía 1 puede, en momentos, ser jactancioso y egoísta. Debe evitar ser demasiado crítico e impaciente por naderías. La gran necesidad del 1 es el desarrollo de la amigabilidad y un interés sincero por las personas.

Impulso del Alma número 2

Con el Impulso del Alma número 2, su motivación se centra en las amistades, sociedades y compañerismo. Usted quiere trabajar con otros como parte de un equipo cooperativo. La dirección no es importante para usted, pero sabe aportar su contribución al esfuerzo de equipo. Está deseoso de trabajar bien para lograr un ambiente armonioso con personas sensibles, geniales.

En un sentido positivo, el Impulso del Alma 2 es simpático, sumamente interesado y consagrado. Su naturaleza tiende a ser muy sensible con los demás, siempre diplomático. Este elemento en su naturaleza indica que es bastante emocional, persuasivo, pero de manera muy callada, nunca poderoso. Es el tipo de persona que real-

mente consigue amistades porque es afectuoso y amo-
roso.

Si este número se lleva con énfasis en su composición,
puede ser demasiado sensible, con un ego delicado que
también se hiere fácilmente. Puede ser tímido o temeroso.

Impulso del Alma número 3

Con el Impulso del Alma número 3 su deseo en la vida
es la expresión personal, y generalmente disfruta plenamente de la vida. Quiere participar en una vida social
activa y disfrutar de un círculo grande de amigos. Desea
estar en el foco de atención y expresar sus talentos artísticos o intelectuales. La palabra habilidad puede ser su
preferida y la muestra hablando, escribiendo, actuando,
cantando. En un sentido positivo, la energía 3 es amistosa
y siempre muy social. Tiene una decidida actitud optimista que raramente se descorazona, una reserva mental
buena y equilibrio emocional. El Impulso del Alma 3 da
visión intuitiva, y por ello tendencias creativas e inspira-
das muy altas. El rasgo verdaderamente excelente es la
autoexpresión, sin tener en cuenta el campo de esfuerzo.

Puede pasar cierto tiempo envuelto en trabajos muy
cómodos y también optimistas, tendiendo a esparcir fuerzas
y apenas conseguir resultados. A menudo, la energía excesiva negativa produce grandes estafadores y embaucadores.

Impulso del Alma número 4

Si el Impulso del Alma o número de motivación es el
4, probablemente necesite esforzarse para lograr una vida

estable. Tiende a seguir un modelo bastante ordenado y el acercamiento sistemático en sus esfuerzos. Posee un deseo interno de servir a otros de una manera metódica y diligente. Quiere estar sólido, convencional, y regular bien sus actividades, pero se siente perturbado un poco por la innovación y los cambios erráticos o súbitos.

Excelente para organizar, sintetizar y manejar, tiene una buena manera de establecer el orden y mantenerlo. Es una persona responsable, fiable y, en el análisis final, práctico. Muy analítico, puede ver con claridad a través de todas las clases de situaciones y generalmente puede tener una buena comprensión de los problemas. Es un individuo muy honrado, sincero y de conciencia.

El lado negativo de los 4 es que son rígidos, tercos y algo estrechos de miras. Hay tendencia a esconder los sentimientos o no ser consciente realmente de los verdaderos sentimientos. Evite estar demasiado rígido y terco en su pensamiento, e intente siempre ver la vida en su conjunto en lugar de detenerse a observar el detalle. No tenga miedo de arriesgarse una vez para conseguir algo.

Impulso del Alma número 5

Al Impulso del Alma número 5 o motivación le lleva a seguir una vida de libertad, excitación, aventura y acontecimientos inesperados. La idea de viaje y libertad suponen el mejor aliciente, pues en el fondo es un aventurero. No está particularmente involucrado sobre su futuro o sobre cómo conseguir salir adelante, pues en realidad es superficial e inmotivado.

En un sentido positivo, las energías del número 5 muestran que es muy adaptable y versátil. Tiene un recurso natural y entusiasmo suficiente para marcar un progreso, pues su mente posee imaginación y es muy activa. Parece tener una inclinación natural para andar paso a paso un camino, aunque en realidad lo hace más rápidamente que la mayoría.

Es demasiado inquieto e impaciente en ciertos momentos y puede detestar el trabajo rutinario que realice y por ello le gusta saltar de actividad en actividad, sin terminar algo en la vida. Ello le ocasiona cierta falta de responsabilidad. Por el mismo motivo no quiere estar atado bajo una relación sentimental y encuentra difícil comprometerse con una persona.

Impulso del Alma número 6

A los nacidos con el número 6 como Impulso del Alma les gustaría ser apreciados por su habilidad en manejar la responsabilidad. Su casa y familia probablemente son el enfoque más fuerte para usted, pues la amistad, el amor y el afecto suponen el punto más alto de prioridades para una vida feliz. Tiene muchas tendencias diplomáticas en su composición, y es capaz de rectificar y equilibrar situaciones complejas con una habilidad innata. Le gusta trabajar con personas en lugar de que ellas trabajen para usted y le es sumamente importante tener armonía en todo momento en su ambiente.

El lado positivo del Impulso del Alma 6 produce una capacidad grande para la responsabilidad. Siempre está allí y se prepara para asumir más lo que le corresponde. Si posee un signo positivo 6 y lo expresa, será conocido por su generosidad y entendimiento y una actitud simpática profunda. La energía del número 6 se canaliza hacia el amor, el afecto y el apoyo emocional. Puede tener inclinación para enseñar o servir a su comunidad de diferentes maneras idealistas, pues tiene habilidades naturales para ayudar a las personas. También es probable que tenga inclinaciones artísticas y creativas.

Si posee rasgos negativos en su composición, puede expresar algunos de los rasgos negativos comunes a este número. Con semejante actitud simpática, fuerte, es fácil que se convierta en un sentimental. A veces los deseos de dar ayuda pueden estar equivocados y terminar interfiriendo la vida de los demás, cayendo en un estado de protección que resulta abrumador y contraproducente.

La persona con demasiada energía en el 6 a menudo tiene rasgos que hacen que las personas tiendan a aprovecharse de este espíritu benevolente. Usted puede tender a reprimir sus propias necesidades para conseguir que otros satisfagan las suyas y eso incluso ocurrirá con el alimento diario. En momentos, puede haber una tendencia a resignarse por su suerte, creyendo que es su destino quien le indica ese sacrificio desmesurado por los demás. Si ello ocurre, con el tiempo se hará un resentido.

Impulso del Alma número 7

El Impulso del Alma 7 es una persona muy aficionada a leer y a tener periodos de estar solo y lejos de las cosas y personas del mundo exterior. Le gusta soñar y desarrollar comprensiones idealistas, estudiar y analizar, ganar conocimiento y sabiduría, aunque también puede ser más práctico y dedicarse a tener éxito en el mundo comercial. Por ello le será mucho más cómodo moverse en ambientes en los cuales tenga que mantenerse con discreción, con tolerancia, con un buen pensamiento analítico, y mostrando su deseo de usar su mente en lugar de su físico.

Es muy tímido con las personas que no conoce muy bien, tanto que en ciertos momentos le pueden fatigar la conversación casual y las situaciones sociales. Tiende a reprimir sus emociones, por lo que para muchas personas le será difícil comprenderle. Puede ser muy selectivo con los amigos y no se adapta fácilmente a nuevos ambientes o a nuevas personas.

Los rasgos negativos de los 7 incluyen ser demasiado introvertidos y aislados de otros.

Impulso del Alma número 8

Con un número 8 como Impulso del Alma, usted tiene una señal luminosa natural para los grandes negocios y los desafíos impuestos por el mundo comercial. Poder, estado y éxito son muy importantes en su vida. Tiene impulsos fuertes para dirigir, organizar y llevar, pues los deseos materiales también son muy pronunciados. Posee habilidades ejecutivas buenas, y con éstas, confianza, energía y ambición. Su mente es analítica y con buen juicio; es buen juez para los valores materiales y también para el carácter humano. Autocontrolado, raramente tiene emociones nubladas en su juicio. En el fondo es un poco organizador y le gusta controlar todo aquello que ha organizado. Ésta es una personalidad que debe mantener, pues realmente quiere ser conocido por su habilidad para planificar y su juicio sólido.

Los aspectos negativos del número 8 son una intensa dominación y actitud exigente, con lo que tiende a ser muy rígido y a veces terco.

Impulso del Alma número 9

Con un 9 en el Impulso del Alma, usted quiere darse a otros, normalmente como filántropo o al menos en una postura filantrópica. Está muy motivado para dar amistad, afecto y amor, siendo generoso para otorgar su conocimiento y experiencia. Tiene impulsos de compartir y es probable que tenga un gran trato para participar en grupos.

Su preocupación por los otros le hace una persona muy simpática y generosa por su naturaleza sensible y compasiva. Puede ver la vida en términos muy amplios e intuitivos, expresando a menudo ideales altos y un acercamiento inspirado para la vida. Si puede comprender totalmente el potencial de su motivación, será una persona autosacrificada que puede dar libremente sin preocuparse por cualquier retorno o premio.

Como con todos los seres humanos, es pronto a veces para expresar las actitudes negativas inherentes a sus Impulsos del Alma, por lo que puede ponerse demasiado sensible y tender a expresar fuertemente sus emociones en ciertos momentos. Existirán conflictos significativos entre los objetivos más altos y las ambiciones personales. Sus ideas le rondarán todo el tiempo en su mente y, de hecho, si hay demasiada energía 9 en su naturaleza las rechazará, lo que le hará sentirse defraudado y a menudo notar una falta de perfección en usted y en otros.

Impulso del Alma número 11

Con el 11 en el Impulso del Alma, muchos de sus pensamientos e intereses se relacionan con lo abstracto, lo espiritual y los sueños utópicos. Se motiva hacia los conceptos idealistas, y a compartir sus ideas y conceptos con la humanidad. Este número no es uno que le impulse a tener bienes materiales o llevarle a un sentido práctico en la vida, sino que le hace desear ayudar a la humanidad con un artículo más abstracto, como religión, espiritualismo, estudios ocultos, o incluso habilidades psíquicas.

Si usted posee el positivo 11 en sus rasgos del Impulso del Alma, tiene el sueño del mundo perfecto; es muy idealista e inspirado. Su fuerza interna y devoción a sus creencias son sumamente fuertes, tiene una mente muy bien preparada para manejar las formas más altas y las más abstractas del pensamiento.

Si hay un exceso de energía 11 en su composición, puede poseer algún rasgo negativo. Hay tendencia para los 11 a producir cantidades considerables de tensión nerviosa, que se unirán más adelante con un nivel muy alto de conocimiento. Puede ser demasiado sensible y emocional, y en algunos casos se reprimen estas sensibilidades y emociones, tendiendo esto a agregar más nerviosismo aún.

El fuerte 11 no es una persona muy práctica, debido al idealismo extremo; hay, a menudo, un grado presente de autodecepción y normalmente una idea bastante fija de lo que está bien y mal, lo que le lleva habitualmente a una actitud de inflexibilidad.

Impulso del Alma número 22

El Impulso del Alma número 22 es con diferencia el constructor del maestro. Le gustaría usar sus habilidades en una tarea humanitaria importante y tiene un deseo innato de expresar el poder significativo que siente de una manera concreta, como un constructor, diseñador, diplomático, etc. De alguna manera, quiere hacer una contribución considerable al mundo.

Los 22 dan una perspectiva ancha, universal, con un acercamiento bastante práctico y de sentido común. Estas personas tienen una inteligencia especialmente alta, con percepción clara y conocimiento. Este número denota a menudo un grado alto de habilidades diplomáticas e ideales altos. Es una persona muy capaz y puede poseer habilidades especiales para dirigir empresas, que puede y debe desarrollar. Las personas le respetan y reconocen su previsión y visión.

El lado negativo del 22 es un grado alto de energía nerviosa y una tendencia para ser muy dominante. Es desafortunado que todos los que poseen el impulso 22 no acostumbren a emplear sus energías con más acierto, por lo que debe reconocerse que estas energías son difíciles de enfocar y dirigir.

Su número de Impulso de Alma es: ....

Su primer nombre: ....

Valor del número de vocales: .... = ...

Su primer apellido: ....,..................... = ...

Valor del número de vocales: .... = ...

Su nombre compuesto: ....

Valor del número de vocales: .... = ...

Su segundo apellido: ....
Valor del número de vocales: .... = ...

El valor del número total de vocales (su número de Impulso del Alma) = ...

PINÁCULOS Y DESAFÍOS

Los Pináculos y Desafíos en su vida muestran su respuesta al ambiente durante el periodo de tiempo que está bajo su influencia. Hay que cronometrar los Pináculos y Desafíos simultáneamente, pues marcan las cuatro fases de su vida. El número del Pináculo normalmente es considerado una fuerza benévola, mientras que el número del Desafío es precisamente lo que su nombre indica.

PINÁCULOS

El primer Pináculo:

Día de nacimiento ......7...... + mes de nacimiento ......3...... = primer Pináculo ....../.......... (reduzca el número a un solo dígito o número maestro 11 o 22): ..../.........

El segundo Pináculo:

Día de nacimiento ......7...... + año de nacimiento /.9.7.4..... = el segundo Pináculo (reduzca el número a un solo dígito o número maestro 11 o 22): ....

El tercer Pináculo:

Agregue el primer Pináculo ....*7*...... + el segundo Pináculo en .....*3*..... = el tercer Pináculo (redúzcale el número
a un solo dígito o número maestro 11 o 22): ..*3*........

El cuarto Pináculo:

El mes de nacimiento ....*3*...... + el año de nacimiento
1974. = el cuarto Pináculo (reduzca el número a un
solo dígito o número maestro 11 o 22): ...*6*........

DESAFÍOS

El primer Desafío:

Diferencia entre día de nacimiento .....*7*........ y mes de
nacimiento ...*3*........ = primer Desafío ....*1*........

El segundo Desafío:

Diferencia entre día de nacimiento ....*7*........ y año de
nacimiento ......*3*...... = segundo Desafío ...*4*........

El tercer Desafío

Diferencia entre el primer y segundo Desafío = tercer
Desafío ...*1*..........

El cuarto Desafío:

Diferencia entre mes de nacimiento .....*3*........ y año de
nacimiento .....*3*..... = el cuarto Desafío ...*6*........

CRONOMETRANDO PINÁCULOS Y DESAFÍOS:

El primer Pináculo y el Desafío empiezan con el nacimiento. Calcular el extremo de los primeros Pináculos/desa-

fíos restando el número del Camino de Vida. El resultado es el extremo de los primeros Pináculos y Desafíos.

1 Pináculo/desafío empieza con el nacimiento y acaba ....*4*.......

El segundo Pináculo/desafío empieza el año siguiente. Este Pináculo/desafío acaba a los nueve años después del fin de los primeros Pináculos/desafios.

2 Pináculos/desafíos empiezan ....*3*...... y acaban ....

El tercer Pináculo/desafío empieza el año siguiente. Este Pináculo/desafío acaba nueve años después del fin del segundo Pináculo/desafío.

3 Pináculos/desafíos empiezan ....*3*........ y acaban ....

El cuarto Pináculo/desafío final empieza los años siguientes y el resto al extremo de la vida.

4 Pináculos/desafíos empiezan a ....*3*........

FASES DEL PINÁCULO

Todos estamos inherentemente sujetos a cambios en nuestras vidas, así como ciertamente estamos sujetos a la muerte y los impuestos. La numerología intenta proyectar nuestra vida delante de nosotros para que podamos cambiarla y efectuar giros importantes en los Pináculos del camino. Si no fuera por estas transformaciones grandes, lá persona de éxito se volvería apática, y los que se esfuerzan pronto se sentirían totalmente desesperados. El Pináculo, la parte más sublime de los elementos inmateriales, es nuestro elemento vivo que nos impulsa al cambio necesario y a buscar la dirección que estamos esperando. Los Pináculos muestran la dirección que nos llevará al progreso.

Un Pináculo es una experiencia que ocurre durante un tiempo específico en nuestra vida y que se asemeja a las cuatro estaciones:

- El primer Pináculo es como la primavera de la vida.
- El segundo, como la formación de la familia y la responsabilidad que representa el verano.
- El tercero corresponde a la madurez y al buen juicio en la vida, que representan el otoño de la vida.
- El cuarto es la consolidación de nuestra existencia, el momento de disfrutar plenamente de ella espiritualmente gracias a las experiencias anteriores, y está representado por el invierno.

Cada Pináculo se representa por un número y el número refleja el tono del periodo. El número del Pináculo se escribe en la fecha del nacimiento. Por ello usaremos el mes, el día y el año de nacimiento en este cálculo. El primer paso será reducir cada uno de estos componentes a un solo dígito con el número más bajo. Incluso se reducirán números maestros en este ejercicio.

Así, el 14 de diciembre de 1968 sería mes 3 $(1 + 2)$, día 5 $(1 + 4)$ y año 6 $(1 + 9 + 6 + 8 = 24; 2 + 4 = 6)$.

El primero periodo se deriva de agregar el mes y día de nacimiento. En nuestro ejemplo, éste sería $3 + 5 = 8$, el primer Pináculo.

El segundo Pináculo es identificado agregando el día de nacimiento con el año de nacimiento. El ejemplo sería $5 + 6 = 11$; el número maestro 11 para el segundo Pináculo.

El tercer Pináculo es identificado agregando el primer y segundo Pináculo. Nuestro ejemplo tendría un $8 + 11 = 19$ o tercer Pináculo.

El cuarto Pináculo es identificado agregando el mes y el año. Nuestro ejemplo produciría un 3 + 6 = 9, cuarto Pináculo.

Cronometrando los Pináculos encontraremos para cada uno de los primeros nueve números el Camino de Vida. El número maestro 11 es el mismo que el Camino de Vida 2, y el maestro número 22 es el mismo que el Camino de Vida número 4.

El primer Pináculo empieza al nacer. Este Pináculo se logra restando el número del Camino de Vida 36. En nuestro ejemplo del 14 de diciembre de 1968 (un 5 en el Camino de Vida), el extremo del primer Pináculo está en los 31 años de edad. El segundo Pináculo estará en efecto durante nueve años o hasta los cuarenta años. El tercer Pináculo también estará en efecto durante nueve años que acaban a la edad de cuarenta y nueve. El cuarto Pináculo, que empieza a la edad de cincuenta, estará durante los años restantes de vida.

El Pináculo 1

La influencia del Pináculo número 1 es un paseo para la independencia; el deseo de expresar la individualidad mediante ideales originales, llevando y dirigiendo a otros, logrando objetivos y reconociéndose en ellos.

Primer periodo del Pináculo 1:

En el primer ciclo del Pináculo 1, la mayoría de su juventud será empleada probablemente en el aprendizaje de cómo usar las ideas originales: cómo llevar, cómo confiar en uno mismo sin ser egoísta, terco o dominante. Éste es un periodo para aprender a dirigir y no puede emplearse para buscar las oportunidades que le gustaría. Es principalmente un tiempo de aprendizaje.

Segundo y tercer periodos del Pináculo 1:

En el segundo y tercer periodos del Pináculo 1 hay cierto grado de agresividad que se manifiesta en la conducta. Su habilidad para salir adelante y desarrollar sus talentos sólo está limitada por su propia iniciativa. Sus logros son probables y muy claros para los demás, y hay cierto sentido de independencia que le permitirá asumir un papel de dirección.

Cuarto periodo del Pináculo 1:

En el cuarto periodo del Pináculo 1, producido en las últimas fases de su vida, cualquier deseo de retirarse o reducir la velocidad será incumplido. Los desafíos y cambios marcarán esta parte de su vida. Las responsabilidades y logros estarán basados en la habilidad para llevar, dirigir y expresar su propia individualidad e ideas originales.

El Pináculo 2

El énfasis general del Pináculo número 2 es la amigabilidad, cooperación y armonía. Usted está inclinado a ser una persona muy sensible durante este Pináculo, aun cuando no esté presente la sensibilidad en su composición básica. El 2 muestra paciencia y atención para los detalles. Es una persona diplomática y cooperativa, y para trabajar solamente necesita un reconocimiento relativamente pequeño.

Primero ciclo del Pináculo 2:

Puesto que este Pináculo se experimenta muy temprano en la vida, puede tender a convertirle en un niño sensible y puede ser herido fácilmente o puede ofenderse. Quizá experimente dificultades tempranas con la expresión, el lenguaje y emocionalmente. Su madre estará inclinada a ser la influencia más fuerte en su vida a lo largo de este periodo.

Segundo y tercer ciclos del Pináculo 2:

Sus logros durante este periodo productivo de su vida dependerán enormemente de sus habilidades para trabajar con otras personas, y promoverán armonía, mostrarán paciencia y una buena disposición para esperar por la deuda del crédito basado en sus contribuciones. El trabajo que usted hace puede ser muy detallado y exigente durante este periodo.

Cuarto periodo del Pináculo 2:

Esta última parte de su vida debe ser armoniosa tanto si está jubilado como si continúa trabajando. La llave para que se cumpla será la paciencia, el tacto y la cooperación, y encontrará necesario controlar una tendencia a la sensibilidad.

El Pináculo 3

El efecto general del Pináculo número 3 es la luz y las actividades agradables. Viajes, actividades sociales, amigos y espectáculos son una parte importante de su vida durante este Pináculo. La naturaleza es más afectuosa y saliente, y la expresión personal se desarrolla, especialmente en cuanto a las habilidades verbales. Cualquier talento artístico o creativo latente deberá ser expuesto ahora. La vida parece fluir hacia usted durante el Pináculo 3, aunque los pensamientos son del presente, no tanto del futuro ni del pasado. Estar con las personas y divertirse es esencial. Las actitudes son juveniles; vienen fácilmente y fácilmente se van. Es probable una gran variedad en el trabajo y las obras. El dinero no es una preocupación grande, le basta con tener para sobrevivir. Pensando, usando su imaginación, soñando, así pasará una gran parte de este periodo.

Primero periodo del Pináculo 3:

Éste es un número difícil para manejar en el primer periodo, aunque puede haber muchas oportunidades para desarrollar el potencial artístico o creativo. El problema es que puede no reconocerlos o estar deseoso de trabajar tan duro como para que impida el desarrollo de estas oportunidades. Hay una tendencia a esparcir energías y trabajar en ideas malas o puede estar demasiado ocupado teniendo diversiones para preocuparse por el futuro.

Segundo y tercer periodos del Pináculo 3:

Las actividades dirigidas al segundo o tercer periodo del Pináculo 3, las responsabilidades y logros serán muy dependientes de su conducta social en general. Este Pináculo puede provocar oportunidad para escribir y hablar, diseño de interiores, o alguna forma de participación en las artes. Se estimulan la imaginación y los sentimientos.

Cuarto periodo del Pináculo 3:

Hay una buena posibilidad de muchos viajes y actividades sociales. Este tránsito normalmente promete libertad, pero exige el cuidado financiero para los años posteriores. Aunque hay tendencia a buscar el consuelo del pariente, éste es un tiempo adecuado para mejorar su creatividad.

El Pináculo 4

La influencia general del Pináculo número 4 es de un acercamiento práctico, realista, a la vida. Este Pináculo exige un grado más alto de orden, sistema y organización. Usted tiende a adoptar un pensamiento muy alto de conciencia y fidedigno. El trabajo duro y el esfuerzo determinan su actitud ahora. Parece como si usted tenga una necesidad emocional por el trabajo y de verdad se crece en él.

Primer periodo del Pináculo 4:

Con la influencia 4 en su primer ciclo, éste puede ser un periodo exigente en el que se le exige trabajar debido a las circunstancias económicas, o en el cual hay una persona favorablemente motivada en su deseo de la cultura. No obstante, posiblemente no pueda tomar parte activa en actividades juveniles normales debido a su programa de trabajo.

Segundo y tercer periodos del Pináculo 4:

Con el número 4 del segundo o tercer periodo, su habilidad de salir adelante y lograr sus deseos se asociará indudablemente con su habilidad para trabajar sin competir. A veces, este Pináculo trae un sentido de limitación económica, pero probablemente esto sea un periodo para construir sus cimientos y el crecimiento firme.

Cuarto periodo del Pináculo 4:

Con el último periodo del Pináculo número 4 no es probable que cualquier deseo de retirarse o reducir la velocidad sea cumplido. Usted no es una persona para relajarse y disfrutar actividades de ocio, pues le es importante trabajar y sentir que lo está logrando. En algunos casos infortunados, se retrasarán las condiciones económicas y la habilidad para retirarse y disfrutar la vida.

El Pináculo 5

La influencia general del Pináculo número 5 es que tanto la libertad como la responsabilidad están disminuyendo. La tendencia hacia el cambio, súbito e inesperado, puede entrar en su vida durante estos años. También puede tender a desarrollar más variedad de amigos y admitir más trabajo, aunque eso le perjudicará. Probablemente estará con espíritu aventurero e inclinado a viajar, pero sus circunstancias financieras, como todo lo demás en este ciclo, pueden cambiar rápidamente, ambas de arriba abajo.

Primer periodo del Pináculo 5:

Éste puede ser un ciclo difícil en este Pináculo, porque es complicado encontrar la estabilidad para establecerse y construir una fundación conveniente para la última fase de la vida. Es probable que experimente movimientos que requieren cambio de escuela y amigos. Como un primer ciclo, los 5 viven con su propio juego de reglas, aun cuando procedan de una familia tradicional. Es más listo que otros de su edad, pero también puede tender a tener más problemas. La impulsividad y un deseo por la independencia son ambos muy fuertes en su naturaleza durante este periodo.

Segundo y tercer periodos del Pináculo 5:

Con el Pináculo número 5, cuando entre en el ciclo medio de su vida, su habilidad para progresar puede unirse a su habilidad para funcionar cómodamente en un ambiente fluctuante. Su capacidad para adaptarse es muy intensa, lo mismo que el sentido de la libertad que tiene ahora. La cautela aquí es no quemar demasiados puentes debido a su impulso por la libertad, viaje y aventura, pues puede necesitar ese trabajo (o familia) después.

Cuarto periodo del Pináculo 5:

En el cuarto periodo del Pináculo 5, cualquier deseo de retirarse o reducir la velocidad no es probable que sea cumplido. El cambio y la variedad continuarán esperando su turno. Si es adaptable, éste puede ser un tiempo muy interesante en su vida. En la mayoría de los casos, el final de un Pináculo 5 es la libertad para cuidar los elementos financieros o domésticos.

El Pináculo 6

La influencia general del Pináculo número 6 es de responsabilidades que pueden causar ciertas restricciones. Hay un acuerdo íntimo con la casa, familia, niños y aquellos en su ambiente de quienes se siente responsable. Está inclinado a involucrarse en un trabajo de servicios y las vibraciones de los 6 tienen un mismo efecto equilibrando estas circunstancias durante este periodo. Puede recibir muchas oportunidades para servir y ayudar a otros, enseñando, aconsejando y promoviendo la armonía y diplomacia.

El primer periodo del Pináculo 6:

Como persona joven es probable que se encuentre con mucho deber y responsabilidad relacionados con su casa y familia, pudiendo haber sentimientos fuertes de limitaciones debido a estas presiones. Los matrimonios que se han iniciado a una edad temprana son los más delicados.

Es un periodo para asistir a las demandas que le hagan su familia y amigos íntimos, en lugar de mirar las suyas. A menudo, el Pináculo 6 hace pensar en una persona que está bajo los dictados íntimos de un padre o de alguna figura de autoridad.

El segundo y tercer periodos del Pináculo 6:

En este periodo de su vida puede progresar a través de la aceptación de su creciente responsabilidad y sus buenos actos diplomáticos. Casa y familia deben figurar con preferencia a cualquier negocio, pues es un periodo en el cual debe complacer las promesas que hizo a su familia y amigos.

Último periodo del Pináculo 6:

En su último periodo los Pináculos con número 6 traerán premios y placeres a la familia, seguridad, y conseguirá un círculo íntimo de amigos. Es probable que se encuentre devolviendo los favores que le hicieron en alguna fase temprana de su vida.

El Pináculo 7

La influencia general del Pináculo 7 es el aprendizaje, la investigación y la ganancia de habilidades. El número 7 es un número algo introvertido y tenderá a ser más solitario mientras el Pináculo esté influyendo. Estará trabajando más cómodamente y, mientras el matrimonio no esté en peligro durante este tiempo, podrá mantenerlo sin esfuerzo. Se sentirá inclinado a necesitar ciertos periodos de aislamiento para desarrollar recursos internos. Este periodo quedará marcado sobre todo por su falta de interés en las cosas materiales y la poca preocupación por los asuntos prácticos. Esta falta de preocupación puede producir alguna escasez financiera, beneficios materiales limitados o impedimentos posiblemente físicos.

El primer periodo del Pináculo 7:

En el primer ciclo con el número 7, su círculo de amigos no será grande. Usted es un estudiante serio, motivado para aprender a través de anhelos internos. Su juventud puede ser muy difícil y deseará que pase el tiempo velozmente.

Segundo y tercer periodos del Pináculo 7:

A menos que esté envuelto en alguna clase de investigación o en esfuerzos posiblemente religiosos o filosóficos, su progreso durante este periodo será dolorosamente lento. Sus logros simplemente no son del tipo que traen beneficios financieros deseados o esperados. Los beneficios en este periodo son mucho más profundos e internos.

Cuarto periodo del Pináculo 7:

Con el número 7 del Pináculo, sus años posteriores serán más tranquilos y conseguirá verse involucrado principalmente en el desarrollo y el refinamiento de su ser interno. Éste es un tiempo para el estudio o el desarrollo, y para pensar sobre la vida de modo filosófico. Durante este periodo no puede ser fácil para usted encontrar a individuos con quienes se sienta cómodo de verdad, a menos que su cónyuge tenga actitudes similares. Sea paciente con las personas que llegarán a su vida para lo que usted sabe.

El Pináculo 8

La influencia general del Pináculo número 8 será en los negocios y la actividad comercial. Hay un buen trato de orientación, de éxito y reconocimiento asociado con este número, y sus circunstancias financieras y los estados personales están inclinados a cambiar durante este periodo, probablemente con mejoras. El tono del periodo es más en el lado pragmático y enfatiza lo orgánico y las habilidades directivas. Las emociones tienden a no ser un factor que le motive.

Primer periodo del Pináculo 8:

En el primer periodo influenciado por el Pináculo 8 puede involucrarse en un negocio o actividad comercial a una edad temprana, aunque ello le llevará a alguna restricción económica.

Segundo y tercer periodos del Pináculo 8:

Se sentirá inclinado y muy profundamente involucrado con ser un ejecutivo durante este periodo de su vida (o casándose quizá). También empezará a contar más con los sentimientos racionales y menos con los impulsos emocionales. Ahora es más ambicioso y con más éxito.

Cuarto periodo del Pináculo 8:

En el cuarto periodo con el Pináculo número 8, el negocio y su posición le ocasionarán que posiblemente no se pueda jubilar a una edad normal. Las circunstancias de los años posteriores pueden ser una atmósfera de estado y poder.

El Pináculo 9

La influencia general del número 9 es de humanitarismo. Independientemente de que el Pináculo de la vida esté coloreado por esta influencia, la tendencia será la de sentir y expresar mayor preocupación por aquellos que son más débiles, más pobres y menos afortunados que usted. Los 9 denotan un grado de desinterés por lo material no mostrado en cualquier otro número. La actitud es más humanitaria, filantrópica y emocional.

Primer periodo del Pináculo 9:

El desinterés es a menudo difícil para una persona joven, por lo que el tono de esta influencia puede ser escasamente perceptible. Será el tipo de persona que es amigo de aquellos que tienen pocos amigos, un protector para aquellos que podrían ser las víctimas favoritas de los matones y generalmente una persona que ayuda de cualquier manera a los demás. Cuando madure en nuestra sociedad moderna, se verá inclinado para entrar en opciones políticas humanitarias e idealistas.

Segundo y tercer periodos del Pináculo 9:

Con el número 9 hay una energía clara en el segundo o tercer Pináculo, y puede en ciertos momentos expresar sentimientos humanitarios muy emotivos y dramáticos. Sus ideales le convertirán en un campeón de la necesidad para la tolerancia y compasión por el mundo. Puede poseer una vista universal del mundo y trabajar de muchas maneras que beneficiarán a la humanidad.

Cuarto periodo del Pináculo 9:

En el cuarto periodo del Pináculo 9, su trabajo en la última parte de su vida tenderá a ser más filantrópico y le permitirá dar más de usted a muchos, y si sus circunstancias financieras se lo permiten también sus recursos, a causas que beneficien a la humanidad. Ciertamente, tiene una actitud más cuidadosa ahora que en otros tiempos de su vida.

El Pináculo 11

El número 11 es el primero de los números maestros. La influencia de este número es un poco filosófica e iluminada. La vibración 11 tiene asociaciones con lo espiritual y los estudios metafísicos. Tendrá asociaciones como reformador, filósofo u obrero de causas caritativas. Con el número 11 las energías que influyen en su conducta en cualquier fase de la vida van apartándole significativamente de las metas materiales. De hecho, los pensamientos pueden tender a desviarse algo del sentido práctico y lo mundano, independiente del camino de vida que puede estar siguiendo. Una cierta disociación con la realidad mundana puede causar problemas con sus socios. Hay, frecuentemente, un sentido elevado de tensión nerviosa asociado con esta energía.

Primer periodo del Pináculo 11:

El número 11 del primer período puede identificarse con alguno precedente, pero, sin embargo, es difícil para una persona joven usar esta influencia general productivamente. Así, el tono del fondo de este periodo se comunica quizá mejor a través del uso de la energía del número 2. El énfasis general del número 2 es de amigabilidad, cooperación y armonía. Se sentirá inclinado a ser una persona muy sensible durante este periodo, aun cuando no indica sensibilidad en su composición básica.

Los 2 Muestra paciencia y atención para el detalle. Es una persona diplomática y cooperativa, y para trabajar necesitará un reconocimiento relativamente pequeño. Puesto que este Pináculo se experimenta temprano en la vida, puede tender a hacerle un niño muy sensible, y será herido fácilmente. Puede experimentar dificultades tempranas con la expresión verbal y emocional. Su madre será posiblemente la influencia más fuerte en su vida a lo largo de este periodo.

Segundo y tercer periodos del Pináculo 11:

Con el Pináculo 11 que ocurre en la segunda o tercera fase de su vida, puede asumir las mismas implicaciones que en los Pináculos número 2; sin embargo, las responsabilidades y logros de importancia contendrán el tono de la naturaleza inspirada de este número.

Cuarto periodo del Pináculo 11:

Con el Pináculo 11 que ocurre en la cuarta fase de su vida, aumentarán sus responsabilidades y logros de importancia y el tono de la naturaleza inspirada de este número, por lo que es probable que su trabajo o sus años de jubilación lleven esta influencia.

El Pináculo 22

La influencia general del Pináculo 22 es una de esas que las personas no pueden lograr prontamente. Éste es el mayor de los números maestros y la connotación del 22 es la de un constructor maestro. Estará inclinado hacia esfuerzos de gran potencia en los negocios o el gobierno. Denota inmensa influencia y poder. Los dos números maestros son muy idealistas, pero la expresión 22 es de idealismo y de obtener metas prácticas y proyectos útiles. En cualquier fase de la vida, el número 22 tiende a crear un grado significativo de tensión nerviosa en el individuo.

Primer periodo del Pináculo 22:

Las personas jóvenes, exceptuando casos muy raros, son incapaces de usar la influencia general del 22 productivamente. Por consiguiente, el tono del fondo de este Pináculo está más conectado con el número 4.

Segundo y tercer periodos del Pináculo 22:

Hacia la mitad de la vida con este Pináculo, serán posibles muchas grandes cosas. Todo depende ahora del desarrollo de la vida y la preparación, y de si usted posee la capacidad de provocar tales esfuerzos. Si ha tenido oportunidad para la educación y ha conseguido anticiparse suficientemente a las responsabilidades del número maestro, es probable que el número 4 describa mejor el tono de este periodo.

Cuarto periodo del Pináculo 22:

Si usted tiene la capacidad para lograr la figura de previsión del constructor maestro por este Pináculo, los esfuerzos comerciales y su gran idealismo evitarán la jubilación.

DESAFÍOS

La vida no es un camino de rosas, pues hay barreras para subir y conseguir llegar a la cima de las montañas. En numerología, se llaman barricadas, a las que nos tenemos que enfrentar en la vida. Los desafíos son puntos débiles en nuestro Camino de Vida y si tenemos los eslabones débiles en la cadena de vida tendremos que superarlos, reforzarlos y desarrollarlos apropiadamente. Nosotros aprendemos a encontrar estos desafíos y dominarlos.

La regla para los desafíos interesados es justo la opuesta a los Pináculos. Cada desafío está representado por un número y el número refleja el tono de la confrontación del periodo. El número del desafío se escribe en la fecha del nacimiento. Para ello usaremos el mes, el día y el año de nacimiento de nuevo en este cálculo. El primer paso será reducir cada uno de estos componentes a un solo dígito, llegando al número más bajo.

Así, el 14 de diciembre de 1968, se haría: mes 3 (1 + 2), día 5 (1 + 4) y año 6 (1 + 9 + 6 + 8 = 24; 2 + 4 = 6).

El primer desafío se deriva encontrando la diferencia entre el mes y el día de nacimiento. En nuestro ejemplo, éste sería primero 5 – 3 = 2, como primer desafío.

El segundo desafío es identificado encontrando la diferencia entre el día de nacimiento con el año de nacimiento. El ejemplo sería 6 – 5 = 1; el número 1 para un segundo desafío.

El tercer desafío es identificado encontrando la diferencia entre los desafíos primero y segundo. Nuestro ejemplo tendría un 2 – 1 = 1, tercer desafío.

El cuarto desafío es identificado encontrando la diferencia entre el mes y el año. Nuestro ejemplo produciría un 6 – 3 = 3, cuarto desafío.

El cronómetro de los desafíos varía para cada uno de los primeros nueve en el Camino de Vida, y cambia igual que los Pináculos. El cronómetro para el número maestro 11 es el mismo que el número 2 para el Camino de Vida, y el número maestro 22 es el mismo que el 4 para el Camino de Vida.

El primer desafío empieza al nacer. Este desafío es calculado restando el número de Camino de Vida de 36. En nuestro ejemplo del 14 de diciembre de 1968 (un 5 como Camino de Vida), el extremo del primer desafío está en los 31 años de edad. El segundo desafío estará en efecto durante 9 años, o hasta los 40 años. El tercer desafío también estará en efecto durante 9 años, que acaban a la edad de 49. El cuarto desafío, que empieza a los 50 años, estará vigente durante los años restantes de vida.

Si usted reduce correctamente el mes, día y año a un solo dígito (ningún número maestro), la diferencia entre los dos números debe ser de 0 a 8. Aquí irá leyendo cada uno de los desafíos:

Desafío 0

Los obstáculos en la vida durante este periodo no serán muchos, pues pueden venir de todas las direcciones. El desafío del número 0 se llama el desafío como opción. Es probable que tenga dificultad para actuar según sus preferencias, pero es absolutamente capaz de analizar una situación y comparar posibles soluciones con realismo. El desafío 0 puede hacer que tomar esta decisión y efectuar la acción requerida sea muy difícil. Para superar el desafío, debe entenderse que tiene que tener fe en sus propias habilidades para lo que puede realizar, por lo que debe elegir una opción y actuar entonces con facilidad y consuelo. Este desafío es algo que normalmente se encuentra presente en un individuo favorablemente evolucionado y en alguien de quien puede esperarse que tome sus propias decisiones sobre la vida, sin mentiras o trampas. Para encontrar el desafío 0 debe tener el control de todos los números, a saber:

- La independencia del 1.
- La diplomacia del 2.
- El optimismo del 3.
- La aplicación del 4.
- La comprensión del 5.
- El ajuste del 6.
- La sabiduría del 7.
- El poder constructivo del 8.
- El servicio universal del 9.
- Para encontrar el desafío de 0 en su vida, usted debe ser, en otras palabras, una persona muy dotada.

Desafío 1

El desafío del número 1 sugiere que en estos años se sentirá dominado por otros con fuerte influencia, probablemente sus padres u otros con quienes compite. El desafío del número 1 es la anulación del ser dominante, pero sin caer en una moda que imponga o domine a otros. Con el desafío del número 1 es sumamente importante controlar el ego y evitar el aspecto negativo de la individualidad. El falso orgullo, la pomposidad y el egoísmo son problemas que no debe mostrar ahora. Usted está en ese momento en un periodo de aprendizaje sobre sí mismo que le hará ganar confianza para resolver sus propios problemas independientemente. Aprenda a confiar en su ingenio e inteligencia, evitando argumentos y resentimientos.

Desafío 2

El desafío del número 2 sugiere que es probable que esté ahora sumamente sensible y más o menos rebosando sentimiento. Encuentra difícil trabajar con personas porque tiene miedo de ser criticado o, peor todavía, ignorado. Tiene un buen trato con los demás, pero duda de sí mismo y denota una falta definida de autoconfianza. Hay una tendencia constante de preocuparse por la opinión que otros tienen de usted y esta tendencia le aumenta la sensibilidad de una manera negativa. Usada más positivamente, sus sensibilidades perspicaces pueden suponer una fuerza significativa y permitirle ser agudamente consciente de lo que otros no perciben.

Durante este periodo será duro para usted afirmarse y tomar decisiones, y se alejará de las posiciones de autoridad y responsabilidad. Éste puede ser un tiempo para acumular sabiduría, pero debe mostrar paciencia y poner su atención en los detalles. Intente no tomar las cosas siempre como algo personal y entienda que las amistades son una fuente de profunda satisfacción para usted durante este tiempo. Respete su habilidad para componer y crecer de una manera discreta y no permita que los detalles le agobien o impidan ver el problema mayor aún de lo que es. Planee un crecimiento lento en lugar de un triunfo inmediato.

Desafío 3

El desafío del número 3 hace pensar en una tendencia para esparcir el talento e intentar hacer demasiadas cosas en seguida durante este periodo de su vida. Puede tener una imaginación muy aguda y un don para las palabras, pero encuentra difícil expresarse eficazmente. Aunque sabe que debe cultivar a los amigos y ser sociable, tiende a ser un poco solitario y está a la defensiva. Posiblemente tenga talento para escribir, actuar o hablar, pero es renuente a involucrarse con esta clase de actividades porque no le gusta enfrentarse a la perspectiva de una crítica. Está expresándose con un énfasis negativo, escondiendo sus talentos creativos detrás de una pared de timidez. Debe esforzarse por desarrollarse de una forma social y en un sentido creativo.

Desafío 4

El desafío del número 4 hace pensar en dificultades con el trabajo. O no simplemente le gusta trabajar, no le

gusta el trabajo que se ve obligado a hacer, o tiene dificultad para completar las tareas y trabajar eficazmente.
Puede ser descuidado y faltarle cierto sentido de viabili-
dad y a menudo este desafío le hace difícil ver el bosque
y prefiere mirar los árboles cuando trabaja. Es importante
que aprenda a tener paciencia, a entender y ser práctico,
aportando sentido común en el desarrollo de sus responsabilidades. También puede necesitar aprender la importancia del funcionamiento correcto dentro de los paráme-
tros de un horario de tiempo.

Desafío 5

El desafío del número 5 sugiere que su desafío con-
siste en superar el deseo y la demanda por la libertad a
cualquier precio. Este número de desafío es muy difícil de
manejar porque con él se siente inclinado a ser sumamente impulsivo; quiere probar por lo menos una vez
todo, y es lo bastante inestable como para no profundizar
en nada. El cambio puede ser necesario, pero debe mane-
jarlo con inteligencia y controlando el modo. Es cierto
que el deseo por el cambio no está asociado con un deseo
de escapar de la responsabilidad, pero, en todo caso, este
desafío requiere que aprenda lo más pronto posible en la
vida a controlar sus impulsos.

Desafío 6

El desafío del número 6 hace pensar en dificultades
para poder obtener ganancias debido a su insistencia en
unas normas sumamente altas. Se siente inclinado a mos-
trarse autoritario, intolerante y un poco engreído. Es duro

para otros mantener sus normas de expectativa, y muchos de sus talentos para equilibrar situaciones se usan con un énfasis negativo. Evite crear fricción en las relaciones y esfuércese por poner armonía. Debe aprender que su acercamiento diplomático sólo se apreciará si los otros sienten que sus necesidades se satisfacen, sus deseos son entendidos y su punto de vista respetado. Por ello debe aprender a permitir a que los demás expongan su propio paso, hagan sus propias reglas. Este desafío requiere un aprendizaje de amor incondicional.

Desafío 7

El desafío del número 7 sugiere que las dificultades le son muy incómodas y sacan sus propios sentimientos internos, pues esos sentimientos le hacen reservado y le obligan a reprimir sus emociones. Puede sentirse incapaz para mejorar su situación, o cambiar y mejorar las circunstancias. Hay una tendencia con este desafío a ser un crítico crónico y exigente, mientras que ofrece pocas o ninguna solución para corregir las faltas que se encuentran. El sentido de discriminación es fuerte, pero se expresa de una misma manera negativa. Un sentido de falso orgullo tiende a mantener sus sentimientos reales enterrados bajo la superficie. Evite por ello esa tendencia a acercarse a las personas de una manera muy reservada y apartada, y desarrolle fe en sus propias habilidades en lugar de limitarse voluntariamente. El matrimonio deberá efectuarlo muy tarde en su vida, o al menos hasta que no haya superado estos desafíos. Si por el contrario ya está casado, éste puede ser un tiempo difícil.

Desafío 8

El desafío del número 8 hace pensar en que está convencido de que se puede lograr la felicidad desde edades muy tempranas y que eso solamente lo conseguirá si logra ganar una gran cantidad de bienes materiales. Pero lo más probable es que tenga que realizar un esfuerzo considerable para lograr dinero, estado social y felicidad, lo que a veces lleva a la exclusión de casi todo el resto de los valores y deseos humanos. El número 8 indica que está usando su preocupación en elementos materiales negativos. Debe aprender a usar su habilidad para ganar dinero con mejor sentido de proporción y un conocimiento más objetivo de la relación que hay entre los asuntos materiales y los espirituales, y tratar así con el mundo material de una manera más cómoda.

AÑO PERSONAL

Se considera como año personal a las vibraciones de un año dado a una persona. El tono de cada año es diferente y entra en un modelo de ciclos de nueve años. Un año personal está determinado cuando agregamos el total reducido de su día de nacimiento y mes al total reducido del año en cuestión. Entonces se reduce la suma a un solo dígito de la misma manera que antes. El año personal normalmente pone la fase para los eventos durante ese año.

El 1 de enero entramos en un nuevo ciclo de la numerología, que pone un tema definido para los próximos doce meses. Un cálculo simple le permitirá saber en qué ciclo está usted durante cualquier año.

Sume los números de su día y mes de nacimiento y entonces agregue el año actual.

Ejemplo:
Cumpleaños: el 28 de noviembre del 2001.

Día = 28
Mes = 11
Año = 2001

(El año siempre debe contener cuatro dígitos.)

$2 + 8 + 1 + 1 + 2 + 0 + 0 + 1 = 15$

Siga agregando hasta obtener un solo dígito.

$1 + 5 = 6$

En este ejemplo, alguien nacido el 28 de noviembre estará en el ciclo 6 del año personal a lo largo de 2001.

Si su mes y el total del día salieran 11 o 22 números maestros, en este caso debe reducir el número a 2 y 4, respectivamente.

Calcule su año personal y vea la tendencia probable de los eventos durante el año.

AÑO PERSONAL 1. NUEVO PRINCIPIO EN SU VIDA

Jornada de cambio, nuevos principios e independencia.

No todo lo que se enfrenta puede cambiarse,
pero nada puede cambiarse hasta que no se enfrente.

James Baldwin

James Arthur Baldwin fue un novelista que nació en 1924 y se crió en Harlem, Nueva York. Tras dejar la escuela secundaria, desempeñó varios trabajos hasta que ganó una beca que le permitió trasladarse a vivir a París. Allí escribió su primera novela, *Ve y dilo en la montaña* (1953), que le consagró como el más sobresaliente comentarista negro de los Estados Unidos. Su siguiente novela, *El cuarto de Giovanni* (1956), es una historia de amor homosexual, mientras que *Notas de mi hijo nativo* (1955) y *Nadie sabe mi nombre* (1961) son libros de ensayos y memorias de su juventud.

EL PRINCIPIO

El año actual es el principio de un nuevo ciclo de nueve años para usted. Aparentemente posee la promesa de ser una nueva y excitante aventura, con la vida asumiendo nuevos desafíos que dejarán el camino correcto para el próximo ciclo de nueve años. Éste es un tiempo para clarificar sus metas y un tiempo para actuar en ellas, aunque el trabajo duro puede ser necesario para conseguir una nueva mudanza de venturas.

Su fuerza física será durante este año quizá más alta que ha sido durante tiempo atrás, pues dispone de buenas reservas acumuladas para situaciones especiales. Si es incapaz o no dispone de la voluntad para contestar la llamada para cambiar y hacer este movimiento en su vida, ahora que parece necesario, sus perspectivas pueden retrasarse hasta el próximo ciclo, que empieza en nueve años. Debido a esto, debe sentir ahora su vida como una aventura, un cambio mayor en su vida, algo nuevo. Debe fijarse nuevas metas claramente y trabajar en ellas, pues esto es realmente un nuevo principio de un ciclo de nueve años y es mejor no morar en el pasado en este momento. Esto le será bastante fácil de lograr, porque la mayoría de los problemas y desilusiones del pasado tenderán a desaparecer y dejarán la puerta abierta para estos nuevos desafíos. Éste es un gran tiempo; utilícelo en su provecho.

Se trata de un año sumamente importante para usted, pero deberá haber limpiado sus armarios simbólicamente, si no físicamente, en los últimos años. Ahora es el momento para reconstruir su pensamiento y mirar las cosas de otra manera diferente, como si fuera la primavera y todo está fresco y no hay nada que se quede dormido. Acaba de entrar en uno de los nueve ciclos del año que amoldan y forman su vida. Habrá más oportunidades en nuevas direcciones, nuevos conocimientos y nuevas maneras de mirar las cosas en general.

El ciclo 1 es el primer año que marca el nuevo ciclo de nueve años de su vida. Le instamos por ello a que cree la existencia que quiera para los próximos días, reconociendo el nuevo potencial que ahora existe en su interior. Éste es un tiempo de gran cambio que le llevará a los nuevos principios positivos.

El año pasado tuvo un ciclo de nueve años enteros de su vida. Era un año de fines, emociones profundas y confusión. Esas experiencias eran necesarias, sin embargo, para que los nuevos principios de este año puedan tener lugar. El pasado ha terminado ciertamente, pero necesitará soltar los sentimientos, actitudes y creencias que todavía están fijándolo a él. Entonces, en lugar de asustarse o confundirse por los cambios que ocurran este año, entenderá su propósito instintivamente en el gran esquema de su jornada de desdoblamiento.

El ciclo 1 del año es una jornada para los doce meses, con nuevos intereses, experiencias, metas y comprensiones. Entenderá mejor la vida: sobre usted, dónde ha estado antes, dónde está ahora y dónde le gustaría estar. Y, dado que se requiere un cambio drástico, también estará aprendiendo el significado de lo que realmente le hace feliz.

Los eventos de este año y las circunstancias le enseñarán sobre el autoconocimiento, la individualidad y los cambios vitales que deben tener lugar dentro de usted si es capaz de lograr lo que la vida le tiene dispuesto.

Ahora está aprendiendo sobre la independencia, la dirección y la originalidad, y necesitará gran fe en sí mismo para tomar la acción apropiada. Encontrará situaciones que involucran sus sentimientos más profundos, tendrá una única mente y talento, y necesidad para más libertad.

Debe aprender a adaptarse a los cambios que tienen lugar dentro de usted y a su alrededor, mientras las nuevas circunstancias prueban su habilidad para llegar a mejores metas y logros. Su deseo para conseguir lo material y logros financieros le servirán positivamente para ayudarle a encontrar oportunidades inesperadas y nuevas comprensiones.

Empiece aceptando la necesidad para el cambio real y completo. Desarrolle un sentido realista de su propia autovaloración, pero escuche y siga sus sentimientos. Lo que haga este año le pondrá en curso para los próximos nueve años y esto debe proporcionar todo el incentivo que necesita.

Aceptando la realidad de su pasado, se dará más cuenta de quién es realmente, y si ya conoce su verdadera identidad estará preparado para absorber las nuevas verdades que van a surgir. Puede empezar a dudar de sus creencias y actitudes, de aquellas que siempre ha sostenido, pues ahora comprenderá que ya no son apropiadas a sus circunstancias actuales. Podrá empezar a sentirse fuera de lugar alrededor de las personas con quienes siempre se ha sentido cómodo y puede cuestionar su papel en la vida. Las dudas pueden llevarle a pensar acerca de cómo puede ser libre cuando las responsabilidades o circunstancias parecen estar exigiéndole que no lo sea. Sienta que cada cosa que ocurra ahora a su alrededor es porque existen nuevas opciones que deben materializarse. En algún momento, sabrá instintivamente que es el tiempo para ir en una dirección completamente diferente, aun cuando esto signifique que debe hacerlo solo.

No se olvide que este año está aprendiendo a ser independiente y la independencia lograda trae a menudo sentimientos de aislamiento y soledad. Aquello que pensó que era lo mejor que podía ocurrirle en la vida pudiera suponer en adelante algo insoportable para usted. La independencia lograda siempre produce cierto sentimiento de culpa y esto puede ser como una fuerza destructiva que genera, por otra parte, un resentimiento doloroso, confusión y reproche.

Dé la bienvenida a nuevas actividades. Cambie esas rutinas aburridas, pues sin el cambio —el cambio drástico— se podrá encontrar con situaciones que no quiere soportar y con una carencia de voluntad propia durante mucho tiempo. El ciclo 1 del año le da la oportunidad para arreglar sus rumbos y escoger la dirección que quiere tomar, y le permite a su voluntad que surja como la única alternativa a la culpa y miedo.

Los problemas se resolverán con tal que no se resista al cambio. Quédese flexible, pues sus metas más firmes pueden desviarse en nuevas e inesperadas direcciones. La única cosa que puede esperar este año fiablemente es el cambio y, puesto que un cambio le lleva a otro, y después a otro, transportándolo incluso física, emocional y espiritualmente, tan lejos como pensó que estaría, no permita a otros, o a sus propias dudas, detenerlo.

Considere lo que es mejor para usted, lo que le hará feliz, y entonces prosiga en esa dirección. Empiece de nuevo. Decida qué dirección quiere tomar en un futuro largo y, aun cuando signifique empezar de nuevo, tome este requisito primero como el paso necesario para llegar a sus metas.

Este año, el énfasis está en usted; por consiguiente, puede sentirse egoísta en ciertos momentos. Ésta no es una característica negativa, pero la vida durante este ciclo de doce meses le dará el necesario autoconocimiento. El sentimiento de culpa le dirá que posiblemente está equivocado enfocando tan agudamente en usted e intentará prevenir que exprese las emociones que le llevarán a la libertad. La vida no la podemos tener enfocada exclusivamente a hacer felices a los demás, pues si no nos preocupamos primero por nosotros, mala ayuda conseguiremos luego proporcionar a los demás. El sentimiento de culpa le dirá también que el ego es el problema, pero la solución es dejar de juzgarse y esto le permitirá equilibrar su ego.

La libertad para uno no puede lograrse si ello hace perder la libertad a otro. Semejantemente, si está alrededor de personas que desaprueban sus planes, o de aquellos que quieren seguir teniendo el control sobre su vida, necesitará romper esas cadenas.

Sepa lo que quiere, crea en usted y confíe en sus capacidades. Si sus capacidades no están todavía al máximo, entonces tome el tiempo necesario para aprender lo que sea necesario para cumplir sus intenciones. Cuando se esfuerce hacia la libertad, notará que otras personas que antes se oponían a sus deseos se vuelven menos críticas. Desde el momento en que se acepte a sí mismo, será más feliz.

La confianza no es un aire o una actitud que se lleva voluntariamente o una negación del miedo interno, ni tampoco un estado de ignorancia. La confianza no es un acto de voluntad. Es un sentimiento natural que llega cuando se comprende la realidad. Una vez que ha aceptado la realidad de sus deseos y potenciales, lo que tiene que hacer es cumplirlos, pero pronto se encontrará en un curso donde todo entra en su lugar, no importa en qué posición se encuentre. La confianza es un sentimiento de que, aunque usted no sepa todas las respuestas todavía, ellas vendrán porque se encuentra en un buen momento para aprender y una gran franqueza para utilizar la nueva información. Finalmente, la confianza es la habilidad para aceptar los cambios cuando ocurren, y éstos ocurrirán este año.

Imagine sus esfuerzos como si estuviera plantando semillas para su felicidad futura. Plántelas donde quiera que tomen arraigo y puedan crecer. Siempre tenga presente la naturaleza de una meta, porque ahora, en el nuevo milenio del 2000, la naturaleza está cambiando drásticamente.

Tenga cuidado con la pereza y dilación. Estos hábitos no sólo retardan el movimiento sino que también efectúan su habilidad para pensar y expresarse. Es el tiempo para dejar el pasado en su lugar apropiado, detrás de usted. Enfoque adelante su felicidad y creatividad. Siempre quédese consciente local y globalmente de lo que está pasando.

Empiece algo sustancial este año. El fracaso para empezar un nuevo proyecto, actividad, trabajo, afición, o incluso una nueva actitud, producirá un marco en la dirección de su mente que lo mantendrá atado a las personas, lugares y circunstancias que simplemente no podrá resistir más. Debe saber que hay que empezar una nueva fase de algo activo en su vida.

Si no realiza cambios donde se necesitan, se volverán contra usted, tanto si quiere como si no. Sin el cambio, nosotros nos esforzamos por aferrarnos a las situaciones y cosas que ya no sirven a un propósito. Creemos entonces que la vida es un forcejeo, pero este año aprenderá que no es sino una jornada libre y fluida de energía que se mueve, cambia, vibra, y que evoluciona a través de ciclos de aprendizaje.

Enfoque su independencia considerando cualquier dependencia que tenga en ese momento e imagine la libertad que disfrutaría sin ello. Esto puede incluir una dependencia hacia otros, una necesidad de proteger a otros dependientes de usted; una necesidad por la aprobación de sustancias como comida, tabaco, alcohol, drogas, o distracciones como televisión, computadoras, juegos y extravagancia. Habitualmente todos somos expertos en enmascarar nuestras aficiones para que sean irreconocibles, incluso para nosotros.

No es fácil eliminar una dependencia si no sabemos su causa emocional. Tiene que investigar sus sentimientos muy profundamente, revisar toda su niñez, que es donde la mayoría de sus creencias erróneas han sido inculcadas, para averiguar por qué necesita estas cosas tan malas. Conociendo la razón emocional de una dependencia, le será más fácil de entender y salir de ella. Esto le permitirá pensar y actuar para saber dónde empieza la independencia.

Aunque el énfasis de este año está en usted, sus distintas relaciones son sumamente importantes, tanto en el amor como en la felicidad en general. El ciclo 1 del año le enseñará que todas son asequibles si no depende de nadie más para su felicidad o éxito. Sólo confíe en usted. Mientras está trabajando por ello, entienda que otros pueden estar intentando hacer lo mismo. Intente rodearse con personas realistas, que no juzguen y critiquen cada uno de sus movimientos, pero tenga la misma consideración por ellos.

Éste es un año de acción y movimiento, pero en el cual se requiere paciencia a menudo. Algunos resultados no pueden comprenderse hasta el ciclo 9, pero los proyectos o ideas que empezaron hace tres años pueden materializarse como logros este año. Otros llegarán con posterioridad y le serán igualmente gratos.

Entienda la necesidad de que el tiempo tiene que pasar entre una experiencia y la próxima, y disfrutará muchas sorpresas agradables este año. Apunte alto, crea en sus metas y nunca deje al espíritu que se marchite, pues le es esencial durante el ciclo 1 del año. Los cambios importantes que tienen lugar en el mundo tendrán un impacto ciertamente en usted. Por ello puede tener que tomar una acción que, al principio, parece difícil o incluso imposible lograr. Sus miedos tendrán que ser enfrentados sin titubear.

No debe detenerse por errores inevitables, pues no son en absoluto errores, sino un medio para ganar conocimiento. Ahora estamos en un territorio poco familiar y los errores servirán para aprender de ellos y no repetirlos, pues aprendiendo de ellos es como se gana experiencia. El sentimiento de culpa no puede gobernar su vida, ya que, de hecho, es un error.

Trabaje a través de sus miedos en lugar de negarlos y podrá explorar a la humanidad con una mente abierta y promover sus propios deseos e intereses por el camino. Mucho de lo que ocurre en su vida este año se reflejará a través de eventos que están teniendo lugar en otra parte. Una vez que usted haga la conexión, podrá ver exactamente dónde encajan sus talentos, y confiadamente exigirá la posición en la vida que sabe se merece.

AÑO PERSONAL 2. CONSTRUCCIÓN, COOPERACIÓN Y ESPERA

Una jornada lenta de paciencia, cooperación, sensibilidad y éxito gradual. El tiempo siempre es corto, del nacimiento a la muerte.

¿Por qué? Porque nosotros no sabemos parar.

Julian Green

Ciclo 2

El ciclo 2 del año estará inspirado en las doce jornadas del mes en las que encontrará una conexión excitante entre su pasado, su presente y su futuro. Usted podrá usar esta información para fijar sus metas más ambiciosas en adelante, pero no cometa ningún error, pues esto tomará perseverancia y gran paciencia.

En primer lugar, debe reducir la velocidad. Esto significa que cualquier cosa que tenga que hacer ha de hacerla más despacio. Si acepta su pasado y vive en el presente, y si no se esfuerza con la lentitud de todos, la visión que ganará este año le llevará en el futuro como su opción.

Intente eliminar su tensión permitiendo que sus emociones fluyan libremente. Una vez que haya conseguido expresarlas fuera de su cuerpo, puede relajarse y así se sentirá a gusto. La enfermedad se manifiesta más intensamente cuando no está relajado o cuando se encuentra incómodo. Si espera enfatizar y negarse a reducir la velocidad, su cuerpo se cargará más aún por la presión de la velocidad y seguramente acabará enfermo.

Usted no puede competir con la energía 2 porque no tiene ninguna cualidad especial para competir. No hay ninguna necesidad de trabajar al máximo durante este año y, si lo hace, los resultados que desea no se materializarán. Sin embargo, se asombrará de lo que puede lograr cuando viva su vida al mismo paso que el ciclo en el que está.

Puede encontrarse agresivo y discutir con las personas y, si no puede alejarse físicamente de ellas y enfrentarse (algo complicado, pues están a su alrededor), le harán volverse muy negativo y sus problemas aumentarán. Deténgase y mire fijamente su vida, pasado y presente, porque usted está a punto de dejar al ser humano que era hasta ahora, para que pueda convertirse en el ser humano que se ha olvidado que es.

Haga un esfuerzo especial para entender lo que realmente está sucediendo en las vidas de otros. Incluso aquellos que parecen agresivos pueden estar escondiendo debajo gran infelicidad. Necesitará por ello ser diplomático y sensible a sus sentimientos. Encuentre una manera de crear armonía. Aun cuando sea usted quien se siente vulnerable e inseguro, no responda con agresión, pues no tiene que demostrar una cosa así.

Sea paciente consigo mismo y encontrará más fácil ser paciente con otros. Un poco de alegría y humor irán poco a poco aliviando las tensiones inevitables de este año.

Hasta donde lleguen sus ambiciones deberá fijar sus metas, pero eso requiere paciencia. Esto no significa que deba relajarse en exceso, pues el camino deberá construirlo calladamente y escrupulosamente para tener éxito en el futuro, y el tipo de paciencia que necesitará es el que se emplea en los trabajos delicados y que requieren atención meticulosa e incansable, así como tendrá que escuchar siempre lo que otros tengan que decirle.

Saque el énfasis fuera de usted, pues los logros se desarrollarán a través del trabajo en equipo y la palabra de boca. Use sus habilidades de manera que beneficien a otros, pues de no ser así será incapaz de avanzar a menos que sea paciente, a menos que espere por el momento ver pasar su propio tiempo y a menos que se relaje de sus tensiones y preocupaciones.

Sentirá necesidad de más afecto en su vida, más aceptación para sus sentimientos, y para los sentimientos de otros. La verdadera prosperidad y seguridad no pueden comprenderse a través de la guerra o la competición y la agresión. Por consiguiente, haga las paces, coopere y emplee la tolerancia como mejor sistema para entenderse con los demás.

Desde esta perspectiva más pacífica, encontrará maneras para cambiar las partes de su vida que no le gustan. Cuando aprenda a mantenerse equilibrado, entenderá que el presente es su única salida con respecto al pasado y su única entrada al futuro. El pasado y el futuro están conectados por las decisiones que tome en el presente.

Este año debe decidir sosegar a su mente, desarrollar su intuición y confiar en ella para tomar decisiones que son correctas para usted. Sabrá si algo está correcto cuando lo presienta, y estará haciendo progresos significativos aun cuando piense que no es así. Estará también mucho más sensible a las metafísicas de la vida y podrá darse cuenta de la realidad que le rodea. Puede experimentar intensas llamaradas de intuición y sabiduría interna.

Habrá sueños extraños en el ciclo 2 del año, pero no tenga miedo de ellos, pues están intentando decirle algo muy importante. Sería una buena idea que guardara el resumen continuado de sus sueños. Apúntelo al despertarse. No importa cómo de abstractos o raros sean sus sueños individuales, pues verá un modelo que surge pronto y que le proporcionará valiosa visión a los problemas de su vida.

Cuando reconozca y sienta que está siendo nutrido por la energía en su vida, querrá relajarse inmediatamente y fluir con ella. En este estado de tranquilidad deberá potenciar la libertad y el amor. Sabrá que la agresión y el rechazo de la realidad han matado casi nuestra capacidad de pensar, sentir, mover y disfrutar. Los eventos de este año le mostrarán que esa voluntad es el próximo paso de la evolución humana. La libre voluntad es el futuro.

Prepárese para la distracción, la diversión, emociones profundas y otras circunstancias que se diseñan para probar y desarrollar su paciencia. Cada situación contiene una lección importante u oportunidad, y debe evaluar pacientemente todo lo que está sucediendo a su alrededor y en su interior. Aprenda a sentir a su manera a través de las situaciones, en lugar de forzar su carácter o entrar ciego en situaciones que requieren alerta.

El pequeño esfuerzo que se requiere ayudará a sus ambiciones personales, aunque ello le ocasionará realmente a lo largo de este proceso cierto retraso e intrusión. Si sucumbe pronto a la frustración, entrará en un momento negativo y necesitará más diplomacia para salir de ese enredo.

Las circunstancias y demandas de otros reducirán la velocidad de sus logros. El trabajo en equipo será importante, y es probable que tenga un papel específico para jugar dentro de un grupo, sociedad o relación. Sea diplomático y considerado mientras deduce lo que estas personas tienen que enseñar o mostrarle. A través de su conducta o circunstancias, algunos le estarán enseñando, mientras que otros no le aportarán nada.

Coopere. Aprenda a estar cómodo en su papel de segundón. Puede ser difícil ver a alguien ocupando o empleando sus propias ideas o esfuerzos, o robándole méritos que usted considera son exclusivamente suyos. Incluso puede sentir que alguien está manteniéndole deliberadamente en una posición subordinada.

Si el enojo se hace intenso, permita que salga, pero preferentemente cuando esté solo. Sáquelo de su cuerpo, pero no hay ninguna necesidad para enfrentarse a las personas a menos que sus sentimientos le digan que es necesario. Escuche lo que su enojo o cualquier otro sentimiento le están diciendo, y entenderá pronto por qué sus circunstancias son así y los problemas de otras personas son mayores de lo que parecen.

Escúchese a sí mismo. Pregúntese: «¿Qué está sucediendo realmente aquí?» Y entonces oiga todo el miedo y el juicio contenidos en sus contestaciones. Un intento fuerte por sentir lo que sus sentimientos están expresando activará su intuición y le proporcionará las respuestas que busca. Sentir su intuición toma tiempo, paciencia, perseverancia y un deseo genuino para cooperar con su mente. Una vez que lo haga, comprenderá que la intuición es una herramienta para mejorar cualquier situación en su vida. La intuición viene de sus sentimientos y no de sus pensamientos externos. Aprenda a diferenciar entre los dos. La voz externa siempre tiene algún tipo de juicio atado a ella, pero el sentimiento intuitivo siempre es tranquilo y mucho más sabio. La intuición es la conexión —el puente— entre sus mentes conscientes y subconscientes.

No hay ninguna necesidad de convertirse en un felpudo para cooperar. Usted está desarrollando una confianza y sensibilidad que le permitirán serenamente y eficazmente tratar con todas las situaciones sin trampas, adecuando sus problemas con los de otras personas. Otros comprenderán pronto que sin su colaboración no puede haber armonía para ellos. Su habilidad para cuidar detalles le hará indispensable, pero su alta autoestima no le permitirá hacerse tan necesario que no pueda alejarse para cambiar una situación que no le gusta.

Si no desarrolla una actitud afectuosa y deseosa hacia otros, encontrará que su experiencia principal le llevará al nerviosismo y a chocar en sus relaciones, produciéndole sentimiento de culpa, cólera, temor, hipersensibilidad y reacciones de indiferencia, así como crítica tenaz. Si ocurre cualquier cosa de éstas, puede estar intentando controlar a otros, o puede creer que otros tienen el poder para controlarlo.

Actuando recíprocamente con otras personas, conseguirá que sientan su presencia singular; pero debe hacerlo no sólo para escuchar las palabras que digan, sino también para emitir el mensaje que está intentando llevar. Debe verlos como son realmente, en su integridad, en lugar de enfocar en un solo aspecto, y para darse cuenta de cómo usted se conecta a ellos.

Incluso es probable que el acto más ligero de mando o manipulación se vuelva contra usted. Este año, debe intentar delegar su mando en otros y/o romper el control que está ejerciendo. Descubrirá cuánto más cariñoso y afectuoso se ha vuelto en el proceso.

El año pasado aprendió sobre la importancia de su individualidad e independencia y ahora aprenderá que todos estamos operando según nuestras propias energías; todos tenemos nuestra propia historia para contar, todos somos igualmente importantes, todos tenemos sentimientos. La manera en que tratamos y nos relacionamos con los demás es lo que afecta a los sentimientos, conducta y calidad de vida.

Usted se dará cuenta de cuáles son los modelos de conducta que impiden su libertad o quién es la persona responsable de ello. En estos tiempos turbulentos debe aprender a tolerar, y entender que cooperar es una opción sumamente valiosa. Éste es su año y simplemente debe mostrar cómo es de habilidoso.

Un año 2 personal es una espera en el tiempo, un año en el que se encontrará en el fondo y en una alta fase de desarrollo. Éste no es un tiempo para forzar el problema e intentar avanzar. Es un momento para la cooperación y construir relaciones que le beneficiarán en el futuro; un año para aumentar y coleccionar. La agresividad le causará problemas ahora. Debe prepararse para los retrasos, desvíos, obstrucciones, pero debe ser paciente. Ésta es una época de pequeñas contribuciones, de ayudas, y debe tener cuidado con los detalles. Tiene que darse tiempo y dedicar su esfuerzo para desempeñar otro trabajo.

Este año puede ser una prueba para su autodominio y sensibilidades emocionales, y un momento para mejorar sus habilidades para trabajar con otros de una manera productiva, aunque esto inicialmente será difícil para usted si antes ha trabajado principalmente en solitario. Manténgase tranquilo, descansado y agradable. Puede experimentar cierto grado de tensión nerviosa durante este periodo y el año 2 traerá una tendencia extrema para las emociones, incluso depresión. Habrá relaciones muy profundas con una persona del sexo opuesto (incluso matrimonio) y esto puede ocurrir con mayor probabilidad este año. Si ya está casado, existe la inclinación para profundizar aún más en su relación y sentimientos.

Este año es bastante diferente de su número, pues aunque está solo y con pocas iniciativas, sus palabras importantes durante este segundo año de su ciclo 9 le llevarán a la cooperación y diplomacia. Debe estar deseoso para asociarse a personas del mundo de los negocios, especialmente porque encontrará beneficios. Debe estar flexible en sus negocios, así como en sus problemas personales.

AÑO PERSONAL 3. EXPANSIÓN SOCIAL Y ÉXITOS CREATIVOS

Una jornada de felicidad en un mar de apariencias.

Hay una marea en los asuntos de algunos hombres que, llegado el diluvio, llevan adelante su fortuna.

William Shakespeare, *Julio César*

Este año, la marea de la fortuna está volviéndose en su favor y cuando viaje en este ciclo de doce meses más simple y más casual necesitará efectuarse esta pregunta: «¿Qué quiero yo?»

Su felicidad a largo plazo es el problema central y esta tercera vibración abre el deseo y la fuerza de su voluntad para que pueda descubrir —y entonces realizar— aquello que le hace feliz. Usted no puede creer que todo lo que desea se pueda realizar este año, pero permítame darle la bienvenida, sin embargo, al nuevo camino de su vida.

Los problemas del pasado pueden resolverse este año, y las relaciones y proyectos importantes florecerán. Nuevas oportunidades están a su alrededor y una vibración dinámica le permite determinar sus verdaderos deseos y comprender que son asequibles sin tener en cuenta lo que haya ocurrido anteriormente. Éste es un año de gran cambio, pero, sin embargo, antes de cambiar de dirección debe destapar los demonios ocultos en su mente, pues los tendrá que descubrir y eliminar primero para cerrar las fuentes de su infelicidad.

Parece ser que tiene una buena voluntad y libertad para hacer lo que realmente desea. También significa que se siente libre en su interior para expresar sus sentimientos y expresar sus emociones del modo más natural posible.

Sólo entonces podrá hacer lo que desea y sólo entonces podrá crear lo que quiere.

La felicidad es un sentimiento —una emoción— que sólo puede venir de dentro. Pero si se aferra a sentimientos infelices del pasado o presente, no habrá ningún lugar para la felicidad en las ofertas del año. Deberá soltar los viejos sentimientos de su cuerpo, reconociendo que están allí, y permitirles aparecer y expresarse, pues exteriorizándolos es como los mejorará. Cuando lleguen los progresos del año y se encuentre eufórico, también necesitará expresar sus miedos de alternar el fracaso y el éxito.

Se encontrará entonces en un estado cómodo para saber quién es ahora y dónde está. Desde esta perspectiva realista un nuevo espectro de opciones se abre para usted y el pasado se vuelve al presente que ha creado, mientras que el presente se vuelve la plataforma para crear su futuro.

Debe tomar decisiones y actuar en consecuencia. A veces, puede tener que realizar un salto valeroso en la oscuridad. Cuando haya sobrevivido a cosas arriesgadas su valor aumentará y entonces es cuando comprenderá que es más capaz de lo que pensó. Con este nivel de autoaceptación, sus progresos llegarán a nuevos límites, y este año puede resultar ser el más feliz de todos los de su vida.

Por supuesto, todo tiene su opuesto extremo, y la energía 3 no es ninguna excepción. El ciclo tiene su lado oscuro ciertamente y la parte negativa es la depresión, aflicción, culpa, chismorreo, opresión, destrucción, mentiras, enemigos, fealdad, pesimismo, cinismo, frialdad, rechazo, escándalo y crueldad. Si experimenta cualquiera de estas cosas, sabrá que también tiene el poder para invertir sus efectos. La energía positiva 3 comprende la luminosidad, felicidad, inocencia, paz, verdad, amistad, creatividad, comunicación, juventud, belleza, optimismo, risa y amor. Reconozca sus partes negativas cuando ellas aparezcan, pero enfóquelas de forma positiva.

El ciclo 3 da énfasis e independencia dentro de las relaciones amorosas. Ésta no es una contradicción, sino una oportunidad para amar profundamente sin tener que preocuparse por lo que otros piensan de usted. Estará aprendiendo a reemplazar culpa y aceptarse tal como es, y a no necesitar la aprobación de otros. Deberá poner a prueba también su fuerza de voluntad en todos sus actos, y así los demás le aceptarán y aprobarán. Ellos estarán dando testimonio de la belleza asombrosa que viene con la verdadera confianza y, cuando esta belleza interna se expresa exteriormente, es difícil resistirse. El 3 es la energía de la atracción y el carisma.

La autoconciencia es realmente bastante fea, pues indica un sentimiento de insuficiencia que se refleja en uno a través de la propia crítica y de otras personas. El problema aquí es que, una vez que sabemos esto, tenemos una tendencia a negar que nos sentimos inadecuados y lo cubrimos con una confianza falsa. Esto nos causa lo que se denomina como mantener las apariencias.

Pretender que estamos contentos se vuelve un papel imposible de mantener, porque lo negativo que estamos pretendiendo no tener todavía está allí. Esto se pone claro dolorosamente por una falta eminente de satisfacción personal. Las críticas antiguas, las habladurías, el rumor inexacto y la falta de aceptación siempre siguen presentes. Mantener las apariencias es una forma estresante de rechazo que realmente puede hacernos físicamente o mentalmente enfermar. Las apariencias son importantes, pero su papel no tiene nada que ver con la aceptación de otros.

Observe la naturaleza triangular de sus relaciones. Quite las situaciones que, estando a su lado, le incomodan y crean fricción, especialmente aquellas que está intentando ocultar y que no pertenecen al mismo juego de circunstancias. Intente agradar a una persona en su vida, y así podrá encontrar que su perturbación disminuya. Por consiguiente, es esencial que se agrade primero a sí mismo y permita que otros decidan si quieren ser sus amigos.

Hay algunas sorpresas exquisitas en reserva para este año si permite a su voluntad y deseos más profundos que le guíen. Así como está leyendo esto, la energía 3 está ofreciéndole el regalo del optimismo, que es un principio positivo.

Cuanto más exprese su optimismo, mejores serán sus oportunidades para el éxito, pues se trata de una herramienta importante para clarificar y lograr las metas de su vida. Usted atrae hacia sí mismo lo que espera, tanto si lo hace consciente o subconscientemente, si es bueno o malo.

Hay gente que dice que ese optimismo produce falsas esperanzas pero, de hecho, lo que hace es obligarnos a que aprovechemos todo el potencial que tenemos. El propósito del optimismo es mostrarnos que las posibilidades mayores existen y están a nuestro alcance.

Es ahora probable que las ideas, planes o proyectos que empezó hace dos años muestren señales de progreso, y esto aumentará su optimismo considerablemente y mantendrá una nueva base para la acción. Apunte alto y ponga sus esfuerzos en ello.

El ciclo 3 posee unas habilidades que pueden extenderse a otros, positiva o negativamente. La belleza que viene de su confianza, por ejemplo, transmite inspiración a otros. En cambio el pesimismo, el resentimiento o la crítica transmiten fealdad y oscuridad. No deje que nadie le quite sus sueños, pues en ellos radica la mayor parte de sus deseos para lograr vivir mejor.

Extender la calidad de la energía 3 puede tener un efecto monumental en usted y en los de su alrededor. Cualquier cosa que sienta, diga, haga o crea realmente se extenderá fuera a otros y afectará a su humor. Encontrará su porción justa de cinismo para lograr que parezca amar a quienes le critican. Durante algún tiempo, incluso puede ser uno de ellos y otras personas tendrán el efecto de espejos que reflejan sus más profundos sentimientos hacia usted. Descubrirá muchos sentimientos y creencias que ha guardado bien ocultos, incluso en su mente. Aprenderá que su infelicidad es el resultado de su negativa para sacar sus sentimientos de verdad y, pretenciosamente, permítales irse.

Los amigos juegan un papel importante en el ciclo 3 del año. Cree más tiempo libre para usted, pues así podrá actuar recíprocamente con otros. Considere la naturaleza de sus actividades sociales y los sentimientos que se activan en usted. ¿Cuál es su idea de un tiempo agradable? ¿Hay alguna imaginación o creatividad involucrada en sus interacciones sociales o es la misma rutina aburrida y vieja cada vez? ¿Está viviendo su propia vida o está siguiendo a la muchedumbre simplemente? ¿Está buscando amistad o aprobación?

Su voluntad quiere que esté junto a otros cuya tenacidad está igualmente activa. Las experiencias de este año le mostrarán que esa evolución humana es moderada para el potencial que tiene como individuo, y ese contacto directo con otros es una parte esencial para que pueda ampliarse.

Usted puede darse cuenta de que alguien a quien admira que se está acercando grandemente a su vida. Puede querer usar a esta persona como un modelo de papel incluso, pero, sin embargo, sepa que nunca podrá ser como esa persona en todos los aspectos. Mantenga su única y preciosa individualidad y dedíquese a mejorar sus buenas calidades.

Es éste un año para enfocar en su propia mejora: su salud, su apariencia exterior y sus habilidades creativas. Puede querer cambiar su apariencia o eliminar una afición de algún tipo, así como reinventar su personalidad entera. Prosiga. Cree una mirada, una forma de expresión o un estilo de vida que le agrade; posiblemente pueda descubrir un talento que no sabía que tenía y sería de sabio seguir este nuevo interés con pasión.

Ponga su felicidad primero. Dé los pasos necesarios para hacer lo que quiere. Tenga presente sus metas firmemente cuando haga nuevos descubrimientos sobre eso que realmente necesita. Esté preparado para realizar algunos cambios drásticos y concéntrese en lo que desea. Si su atención también se esparce, tendrá todas las oportunidades que el ciclo 3 del año ofrece, pero será incapaz de utilizarlos.

Estamos viviendo en un mundo que está habituado con la miseria y el sufrimiento. Puede preguntarse si buscar alegría es apropiado o realista en estos días y posiblemente sienta algún complejo de culpabilidad. No se preocupe y deje fluir sus sentimientos, pues ellos le dirán cuál es la dirección equivocada o que no es práctica.

El 3 nos recuerda que vivir no significa tener una experiencia infeliz, y no se sienta culpable si encuentra más motivo de felicidad y poder que otras personas menos afortunadas. Piense en la ley del Karma, en la cual nos dicen que todo lo que tenemos está sujeto al principio de causa y efecto. Admita su felicidad y su derecho para existir, pues ambos deben ir unidos y nadie es enteramente responsable de la desgracia ajena. ¿Significa esto que debe ignorar lo que está pasando alrededor? ¿Significa esto que debe negarse a ayudar allí dónde la ayuda se necesita? El ciclo 3 del año nos hace parecer algo egoístas, pero no es así, pues le indica que será incapaz de atraer éxito hacia su vida si tiene falsos sentimientos de culpa.

La vida está instándole a que alcance triunfos personales, pero también a que sea amistoso, optimista y humanitario. Una naturaleza agradable y generosa atraerá el éxito que está buscando ahora. Piense en la forma mediante la cual puede contribuir a una situación de mejora, en lugar de lo que aporta de superfluo a los demás. Entonces verá su generosidad y bondad hacia los demás, pues solamente aquel que es feliz puede dar felicidad; solamente quien tiene bienes puede repartirlos.

Sepa la diferencia entre el amor y la culpa. Donde la culpa existe, el amor no puede. Los eventos de este año realmente le mostrarán que ese sentimiento de culpa es el mayor obstáculo en su demanda para la felicidad personal. La única manera de quitarlo de su vida es dejar de hacer juicios, basado en creencias anticuadas, acerca de lo que es correcto y malo. Desarrolle una aceptación total por su propia libertad y por su capacidad natural para la decencia y compasión.

La vida sólo es un forcejeo cuando usted se esfuerza con ello. Tranquilícese y tome el tiempo necesario para observar un problema. Acepte todo sobre el asunto y revise cada aspecto de él, y a cambio reestructúrelo de alguna manera. Entonces su situación posiblemente no haya cambiado, pero puede cambiar su apariencia, y recuerde que las apariencias pueden ser engañosas. Cualquier cosa parece ser lo que vemos, pero el fondo suele ser profundo y no sólo existe lo que parece estar en la superficie. Entonces, las soluciones puestas serán obvias, o el problema entero puede resultar ser una bendición comparado con la lucha que tendría que realizar para solucionarlo.

Intente establecer sus equivocaciones rápidamente y ver su vida desde una perspectiva más ligera. Cuando usted esté en el proceso de crear la vida que desea vivir, se despertará cada mañana de forma entusiasta. Navegue en este mar que se acaba de crear y aproveche las oportunidades que se le ofrezcan por el camino, sin dejar que una actitud negativa le haga ver monstruos en un mar en calma. No obstante, sepa que los problemas surgirán continuamente, pero debe dedicarles su porción justa de interés, tratando de no pensar en aquello que no tiene solución. No toda su vida la podrá construir a medida de sus deseos, así que adáptese a que no está a su gusto y es irremediable. No se preocupe por las cosas que ni siquiera han pasado y no llore antes de que le pongan la inyección, pues posiblemente nunca se la pongan o, si ocurre, sea indolora.

Su felicidad personal es el tema durante este año, y la felicidad es una emoción que necesita ser expresada. Pronto empezará a verse con una nueva luz muy positiva, desarrollará nuevas y duraderas amistades, y encontrará éxito donde nunca pensaba que existiría. Disfrute de su viaje. Va a ser muy interesante.

Éste es un año social, feliz, y generalmente tiende a generar vibraciones luminosas y alegres. Se trata de un año en el que querrá volver a ver a los viejos amigos y ensanchar su círculo social para incluir alguno nuevo. Los romances y las aventuras amorosas pueden florecer, pero si se inclina para vivir la vida ahora mucho más intensamente, sin preocuparse de los demás, posiblemente tendrá que pagar las consecuencias después. Es probable que sea más sociable, pero no debe confundir esto con frivolidad, y crea que la responsabilidad por sus actos no existe. También puede sentirse inclinado a esparcir sus energías y emprender demasiadas cosas al mismo tiempo. Debe dedicar algún tiempo para disfrutar, pero tiene que resistirse a la tentación de ceder completamente ante las diversiones; tenga siempre presente sus metas. Un año personal 3 es un buen momento para extender talentos creativos personales, particularmente los relacionados con las artes y las habilidades verbales. El reconocimiento en esto será considerablemente alto este año.

Aunque éste puede ser un año feliz para su expresión personal y actividades, puede ser también un año desastroso en la escena comercial. Una actitud generalmente frívola en ese ambiente puede causar decisiones precipitadas y esquemas poco prácticos, inacabados. No es probable que sea un año muy bueno para sus finanzas, y será afortunado si el próximo año puede compensar estos efectos.

¡Este año es suyo! Ha sido dominado por las demandas de otros durante mucho tiempo y todavía tendrá deberes, pero ahora necesita un cambio como su preocupación principal. Intente no permitir que le influya la manera en que otras personas ven el color de la vida en su mundo y, aunque deba considerar todos los consejos de sus amigos bien intencionados y familia, le será más importante que sepa escuchar a su propia voz interna. Éste es un periodo sumamente inspirado y creativo para un tiempo en que sus sueños pueden llegar a ser realidad. Mire también para su esclarecimiento espiritual y escuche tanto a los muy jóvenes como a las personas muy viejas, pues entre ambas tendrá la sabiduría.

AÑO PERSONAL 4. TRABAJO DURO Y RETRASADO, PERO PROGRESO FIRME

Una jornada para el descubrimiento en un mar de obstáculos.

Dúdelo, y dudará todo lo que ve.
Júzguelo, y verá a jueces por todas partes.
Pero si escucha al sonido de su propia voz,
puede eliminar su duda y juicio anterior,
y verá para siempre.

Nancy Kerrigan

Bien venido al ciclo 4 del año de su identidad, prioridad y esfuerzo. Los eventos de este año serán de un funcionamiento duro y no dejarán ninguna duda de que el tiempo ha venido a poner nuevas prioridades y trabajo tenaz para conseguir una meta específica a largo plazo. Sin esta visión y compromiso, este año podría ser muy confuso.

La energía 4 reacciona con la fuerza de su voluntad. Donde hay voluntad pueden hacerse logros fuertes y grandes. Sin embargo, está en el ciclo 4 del año y debe comprender que su voluntad no es tan libre como creía, y esto es porque la ha reprimido con una visión limitada de su potencial. La voluntad se hace a base de sentimientos y, sabiendo cómo es su percepción, será la única manera de saber lo que quiere crear en su vida. Es de nuestros sentimientos como toda creatividad nace.

Al principio, la energía 4 puede ocasionarle una percepción restringida y hacerle creer que las posibilidades de cambiar están más allá de su habilidad. La parte de usted denominada percepción está confinada por su pensamiento y ahora no tiene ningún poder en una situación particular. Sin embargo, la parte de su voluntad que está libre quiere intentar rescatar las partes perdidas de sí mismo ahora. No se preocupe si no entiende esto inmediatamente, pues cuando el año se desarrolle encontrará muchas nuevas comprensiones.

El 4 es una energía seria y práctica que necesita una meta específica para trabajar. Esta energía responde mejor a la rutina, eficacia y organización. La energía 4 necesita saber su destino de antemano, para que pueda mantener su profundo sentido de propósito. Este año estará desarrollando un sentido mayor de sus propósitos y estará poniendo un curso definido o dirección para sus deseos, aunque debe saber que no puede flotar a lo largo de los días solamente esperando algo mejor. Necesita una meta específica y significativa para enfocar su vida y ser más responsable.

Debe considerar en serio cada aspecto de su vida y confrontarlo con la visión de todo cuanto está realizando. Sea práctico, asuma los hechos y busque soluciones que cambiarán sus circunstancias adversas. Sí, el ciclo 4 es un ciclo serio y de cambios en la vida.

Organice su vida según lo que es importante para usted, pues ciertas cosas que creyó eran imprescindibles pueden ser las mismas cosas que están restringiéndole ahora. Culpar a otros es simplemente otra forma de restricción, porque implica que es una víctima de alguien o algo. Realmente es usted quien está causando sus propias restricciones, negándose a priorizar su parte de culpa en su destino. Observe a su alrededor y observe cuántas personas han tenido y tienen circunstancias adversas y, aun así, han salido adelante y realizado sus sueños.

Rompa y siéntase libre de las circunstancias y creencias que están limitándole física, emocional, creativa e intelectualmente confinado. Estos problemas están impidiéndole ser la persona que usted sabe que puede ser y este año estará enfrentándose a la realidad, que no siempre puede ser una visión bonita.

Es tiempo para desherbar un huerto eliminando los aspectos inútiles y triviales de su vida, sobre todo esas creencias y actitudes que simplemente no están en el gran esquema de las cosas. Estas trivialidades están confundiendo el aspecto más importante de su vida. Observe aquellas materias que realmente son importantes e incluso mire la posibilidad de eliminar al menos la mitad de ellas. Debe elegir aquellos asuntos que se refieran a su libertad para crear y ejercer sus propios deseos.

Es tiempo para estar de pie exclusivamente y mirar fija y honestamente esos aspectos que cree están deteniéndolo. Pronto comprenderá tanto de ellos que encontrará la solución. ¿Es demasiado educado y prudente o demasiado frívolo? ¿Es demasiado terco para aceptar sus errores pasados y presentes? ¿Es poco realista sobre sus talentos y potencial? ¿Está su salud resentida por una dieta pobre, abuso de estimulantes o medicamentos, o falta de ejercicio? ¿Es poco realista sobre las finanzas y los aspectos materiales? ¿Evita enfrentarse a la realidad creando distracciones superfluas? ¿Basa sus acciones en sus propios sentimientos y creencias o en los de otras personas?

Sea honrado consigo mismo cuando considere sus opciones. Elimine de su vida esas ideas que sabe no están trabajando en su provecho. A través de este proceso de eliminación, verá la dirección que debe tomar para construir su identidad y las nuevas circunstancias que tanto quiere. Y así tenemos el ser 4 del año. Es un ciclo en el que debe construir lo que quiere, pero el trabajo duro es inevitable. La creencia en sí mismo es la clave.

Repase sus asuntos financieros y organice esta área de su vida. Los eventos de abril y mayo traerán estas materias a su atención. Ahorre dinero donde pueda porque el cambio de ciclo del próximo año le proporcionará la atmósfera y la oportunidad de invertir dinero en usted o en algo que excita su corazón. Sea práctico y eficaz con los recursos limitados de este año. Entienda cómo el dinero llega y sea consciente de lo que está pasando en el mundo engañoso de la economía.

El ciclo 4 del año es un camino lleno de limitaciones y barricadas. De hecho, este año está viajando y tratando de eliminar un obstáculo de su vida. La energía 4 trae lo que ahora considera un límite. A su vez, aprenderá a extender su voluntad para lograr semejante magnitud, la cual proporcionará este aumento en su energía personal, que le empujará más allá de sus límites actuales. De esta manera, aunque todavía tendrá límites —todos nosotros los tenemos—, no le estarán deteniendo ni presionando. Si cree firmemente en sí mismo, emprenderá las acciones y se encontrará menos limitado. Debe fijarse una meta firme, un compromiso para hacer y ejercer luego el esfuerzo adecuado.

Cada vez que se sienta excesivamente forzado este año, detenga lo que está haciendo y analice de nuevo su trabajo y situación. El forcejeo es el resultado doloroso de la realidad que se niega.

Estará llegando este año a encontrar su propia identidad y comprenderá que se ha infravalorado significativamente. Su sentido de la identidad no llega por lo que hace en la vida, sino de la manera en cómo se siente en la vida y su lugar en ella. Sí, su vida profesional puede subir mucho con tiempo y energía, pero hay mucho más en usted de lo que hace por vivir. ¿Qué hace por su vida?

Su progreso es improbable que sea muy rápido. El ciclo 4 le permite un movimiento lento y deliberado. Frecuentemente puede encontrar retrasos y barreras, así como ratos de soledad y pesimismo, pero cuando se encuentre así recuerde todo lo que ha hecho y lo que aún desea hacer; ello le llevará a realizar nuevos esfuerzos para vivir como quiere.

En el proceso, encontrará obstáculos, uno tras otro, y tropezará con ellos frecuentemente. ¿Por qué se debe estar frustrando así? Para mostrar que no le importan las barreras que se resisten a dejarle caminar, puede intentar emplearlas como ventaja, como si fuera un peldaño. Ya sabe que los obstáculos hacen a la gente fuerte aún más fuerte y que las personas grandes se crecen con los grandes problemas. Cuando consiga eliminarlos o sortearlos conseguirá su premio.

Ahora se requiere un plan práctico, así como atención diligente y paciencia con los detalles. El énfasis está ahora en el trabajo, la determinación, organización y confianza, aunque también habrá un poco de desesperación y muchos conflictos. Este año estará consiguiendo todos sus deseos juntos y logrará evadirse de la prisión que usted u otros han construido a su alrededor.

Está a punto de separarse de un viejo y limitado estilo de vida y ésa es la parte más gratificante, pues entrará en un nuevo mundo de amor, felicidad, creatividad y libre voluntad. Ése es el incentivo. Indudablemente no puede ser lo más fácil para los siguientes años, pero, con determinación, éste puede ser uno de los ciclos mejores para cumplir sus sueños.

De la frivolidad del año anterior deberá olvidarse ahora de verdad, pues estos hechos no deben continuar más tiempo. Éste es un año de trabajo duro y esfuerzo, porque debe someterse a una ardua tarea, ya que será un año de excavar y cavar, un restablecimiento del autodominio. De muchas maneras, sin embargo, es un año frustrante, pues el esfuerzo considerable no produce resultados dramáticos. Un paso adelante y dos atrás pueden parecer un esfuerzo considerable, pues son tres pasos, pero indudablemente es una pérdida de tiempo y energía. Se trata de un periodo orgánico y debe mirar su actuación actual y analizarla con luz intensa. Es un tiempo para organizarse y no derrumbarse en tierra, pues las responsabilidades aumentarán y magnificarán el esfuerzo y el trabajo necesario para mantener un nivel razonable de existencia. Deben escrutarse la salud y la dieta cuidadosamente este año, especialmente cuando la resistencia física sea baja y pueda resultar más susceptible a las dolencias. Arreglar los asuntos y ponerlos en orden es prioritario, puesto que se le avecina un año muy agitado.

Está poniendo los cimientos para su futuro. Habrá materias legales, propiedades y cosas de esa clase que exigirán su atención. Trate con estos asuntos, cuando lleguen, rápida y eficazmente. Éste es un año que deberá prestar atención a su vida familiar, así como a la reputación de sus aliados comerciales. Algunas de las personas que le tuvieron en cuenta en el pasado comprenderán que es una persona de visión y conocimiento. Como resultado de la cuidadosa planificación para la seguridad de muchos, entrará con buen pie para conseguir relaciones y será premiado tanto por su familia como por sus socios comerciales.

AÑO PERSONAL 5. SINTIÉNDOSE SIN ATADURAS, LIBRE

Una jornada de cambio, libertad y nueva experiencia.

Un hombre nunca debe estar avergonzado
por admitir que ha estado en el mal,
pues admitiéndolo es más sabio hoy
que lo era ayer.

Alexander Pope

Bien venido al excitante ciclo 5 de un año imprevisible. Su energía le proporciona cambios, libertad, variedad, opciones, acontecimientos súbitos e inesperados, cosas raras y sensaciones físicas. Este año será una experiencia real para usted y una nueva experiencia.

Se encuentra ahora a mitad del camino de un ciclo de nueve años enteros de su vida. Los primeros cuatro años ya han pasado y las circunstancias de este año le permitirán que sepa la diferencia entre lo «viejo» y lo «presente», de lo que «existe» y su «potencial». Espere un cambio sustancial en su vida, o una sucesión de cambios menores que le llevarán a un nuevo estilo de vida.

El ciclo del año 5 le proporciona las oportunidades para dar un giro a su vida saliendo en una dirección que es totalmente diferente a cualquiera que haya tomado antes. La mejor manera de acercarse a esta jornada será con un cambio completo de actitud. El ciclo 4 del último año era limitado y restrictivo, pero este año deberá intentar que sea ilimitado y libre.

Las oportunidades le rodearán todo el año, pero debe poder reconocerlas cuando aparezcan. Esto requerirá una mente abierta y aventurera. Aprenda a escoger cuidadosamente entre varias opciones y tome sólo aquellas que pertenezcan a sus verdaderos deseos y no sólo a sus antojos temporales. Si intenta aprovecharse de cada oportunidad que se le presente este año, la confusión de tanta diversidad limitará su habilidad para enfocar. Esto le podría quitar el éxito en cualquier área.

Si sus energías cíclicas pudieran verse como caminos o carreteras, escoja los caminos más anchos y más ocupados. Un lugar en donde todo el tráfico busca el camino mejor. Sin una meta básica o sentido de dirección, los accidentes ocurren y las personas se encuentran en lugares que no desean. Empiece con una ambición firme en la mente, un sentido específico de destino, pero sea flexible. Incluso los planes bien puestos pueden cambiar sin mostrar señales de cualquier tipo. Recuerde: el 5 es el número de lo súbito y lo inesperado.

Usted está ahora delante, como un rápido pasajero lleno de excitación, oportunidades y acción. Es una aventura en la vida y un tiempo para descubrir lo que realmente está fuera, para que experimente cosas que no ha experimentado antes. Es probable que este año esté lleno de nuevas personas, nuevos lugares y nuevas posibilidades.

Una oportunidad puede aparecer bruscamente en su vida, o puede tener que ir en su busca, en todas las direcciones, pues si considera que necesita un cambio en particular es por supuesto porque lo quiere y necesita. Debe tomar una decisión, y para ello requiere valor. Las opciones que realice tienen que estar basadas en sus sentimientos sobre la situación, junto con una comprensión consciente del resultado probable de sus opciones. Esto no significa que deba juzgar algo antes de que lo haya experimentado. Significa que debe ser consciente de cómo un cambio puede crear una reacción en cadena de muchos cambios.

Es esencial que sepa lo que está sintiendo momento a momento. Los sentimientos negados permanecen entrampados dentro y se llevan su libertad. Este año estará soltando toda esa emoción inexpresada que ha llevado como un fardo pesado demasiado tiempo atrás. El mundo se está abriendo ahora para usted y le invita a experimentar la vida más completamente. Sí, experimente lo que está en oferta este año, y para recibirlo deberá mostrar algunos de sus errores. Recuerde, sin embargo, que un error se convierte en experiencia cuando su lección es sabia y aprendida.

Ahora debe comprender sus errores y permitirles evolucionar. Alexander Graham Bell, por ejemplo, inventó el teléfono por accidente, pues estaba intentando inventar realmente un audífono. Uno de los errores mayores que podría hacer este año sería perder el interés por algo sobre lo que se sintió fuertemente interesado antes de que haya tenido la oportunidad de experimentarlo en un estado de libertad. No siempre tiene que perder lo que tiene para conseguir lo que quiere. Es su sentimiento de culpa, que se enmascara como miedo, lo que le hace sentir de esta manera.

Suelte y sienta la libertad dentro de su interior, sin tener en cuenta su situación externa. Este sentimiento poderoso ayudará a que cambie sus circunstancias exteriores. La vibración 5 se armoniza agudamente a sus propias expectativas y deseos. También es la energía del principio involucrada en sexo y reproducción. La concepción tiene lugar a menudo cuando la energía 5 está activa. ¿Qué concebirá usted este año? ¿Un niño? ¿Una idea? ¿Un plan? ¿Qué está esperando usted?

No rechace los cambios que el año 5 le trae, pues sin el cambio nos estancamos. Algunos cambios ocurrirán de repente e inesperadamente, mientras otros comenzarán por su propio esfuerzo. Espere lo inesperado y esté preparado para algo. Concéntrese en sentirse libre y afortunado. Entienda que está donde está para que pueda prosperar con esta experiencia.

Sea en todo momento consciente de la realidad absoluta de su vida. Ahora dispone de la realidad en la que debe basar sus opciones y hacer los cambios apropiados. Evalúe qué aspectos suyos cree que están deteniéndolo. La mayoría de ellos resultarán ser sus propias creencias restrictivas y modelos de pensamiento que está manteniendo aún, porque cree que no hay otras alternativas.

Cuando la libertad de mente y emociones se logren, verá que esas otras personas no están deteniéndolo en absoluto y las situaciones que piensa están ahora más allá de su control, realmente no están deteniéndolo en sus deseos. La verdad es que usted está causando su propio estancamiento, no cambiando lo que necesita ser cambiado en su interior. Aléjese de las rutinas viejas y haga algo diferente. Busque esas nuevas direcciones; no esparza su atención y la extienda demasiado, saltando de una cosa a otra sin lograr algo realmente. Enfoque en lo que quiere. Su curiosidad puede llevarle a posibilidades mayores o a la desilusión.

El 5 es una energía muy sexual y física, y estas áreas de su vida estarán muchísimo mejor enfocadas este año. Sin embargo, no caiga en la trampa de ser indulgente en los aspectos físicos de su vida que incluyen comida, alcohol, drogas, sexo, juego, riesgos y extravagancias. Tal conducta da la apariencia de libertad, pero realmente es una afición negativa. Los excesos pueden crear inversiones inesperadas que impedirán su progreso y eso sería triste e innecesario este año.

Ponga un énfasis especial en su cuerpo. Cuide de él. Respételo. Fortalézcalo. Dese más cuenta de sus sentidos físicos y habilidades. Use sus sentidos creativamente y consiga una adecuada relajación. Ame a su cuerpo y refuerce su consuelo físico. Sea consciente de la naturaleza sexual del ciclo 5.

Vea las cosas cuando realmente ocurran. Acepte que la realidad de una persona no es igual a la de otra y que la honestidad es esencial porque la libertad no puede fluir fuera de la realidad. Empiece siendo honrado consigo mismo y verá esa honestidad que no tiene nada que ver con leyes, reglas y regulaciones. Tiene que ver con sinceridad, verdad y autoaceptación. Es probable que los juegos de cabeza y manipulación petardeen en usted, pero intente ser en todo momento genuino.

Éste es un año para logros, diversión, viajes, expansión y contrastes. Sus horizontes son ahora mucho más anchos, pero debe alejarse de rutinas embotadas y mundanas, creencias y actitudes antiguas.

El 5 tiene todos los elementos para ser «la senda rápida». Si partiera confiadamente, con una meta específica en la mente, podría relajarse y disfrutar estos episodios de acción condensados. Sentirá amor, paz, alegría y confianza en lugar de miedo, tumulto, pérdida y agotamiento. Ponga sus vistas en lo alto y encauce este año de cambio, variedad, aventura, oportunidad y, sobre todo, LIBERTAD.

El número 5 es un año de un cambio mayor en su vida. Se extienden horizontes y el crecimiento tiene menos obstáculos. Es probable que haga nuevos amigos este año porque las actividades sociales aumentan. Éste es un año que trae más libertad para la excitación y la aventura, y un trato mejor que el que ha experimentado en años anteriores. Es un tiempo para sentirse suelto y libre; para salir de las viejas rutinas de una manera constructiva y, si antes estuvo hundido, ahora es el momento para buscar nuevas direcciones.

El problema con un año personal 5 es la tendencia a esparcir las energías en todas las direcciones. Su habilidad para mejorar el trabajo está ahora limitada y le hará sentirse muy confinado. De todos modos, éste un año que le traerá cambios mayores a su vida, su carrera, su situación familiar, su residencia.

Está entrando en un periodo donde cambiar es necesario para que progrese, y habrá nuevos amigos y nuevas experiencias, y socios, quizá incluso un nuevo trabajo. Las oportunidades están allí para que las tome si mantiene sus ojos y orejas abiertos. Hay también posibilidades para viajar y agregar cierto sentido de aventura y excitación. Apróvechese de esta nueva libertad para mejorar su vida con nuevas maneras y por nuevos medios. Esto no significa que tenga que desmantelar lo que ya tiene logrado. Simplemente, agregue más pasión a sus esfuerzos con una nueva actitud mental.

AÑO PERSONAL 6. AMOR, FAMILIA, CASA Y RESPONSABILIDAD

Una jornada de amor, relación, responsabilidad y curación.

Una comunidad es como una nave;
todos hemos de estar preparados
para tomar el timón.

Henrik Ibsen

Nuestro instinto más básico es la supervivencia, para nosotros y para aquellos a quienes amamos. Pero cuando nosotros, o nuestros amados, o nuestras creencias están amenazados, podemos tomar algunas medidas increíblemente extremas para proteger el statu quo. Lo que a menudo no notamos es que los extremos en los que nos movemos son frecuentemente más peligrosos que la amenaza original.

Usted ha alcanzado ahora una fase muy importante y emocional de su jornada, por lo que sus relaciones más íntimas llegarán este año. Hay ahora tres sendas poderosas de energía que llegan. En la izquierda hay cierta inestabilidad o franjas en los extremos opuestos. La senda de la derecha contiene la única energía que puede impedir que los dos extremos choquen, y por ello destruir amor y vida. Esta senda proporciona la única conexión entre ambas para restaurar la paz y la armonía. La senda del centro es el equilibrio, y aquí es donde necesita enfocar ahora. Dé la bienvenida al ciclo del año 6.

Éste es un tiempo vital en su vida, en el que sentirá la necesidad del deber como prioridad. El primer paso para hacer que este año sea exitoso es aceptar que tiene responsabilidades. Cuando lleguen los beneficios del año, comprenderá que por lo menos la responsabilidad no es enteramente suya. Podrá encontrar que otras responsabilidades se han pasado por alto y ahora han requerido su atención. Su obligación primaria es cuidar de usted primero y hacer lo que es correcto para sí mismo. Por otra parte, ahora no estará en buena posición para cuidar de aquellos que necesitarán su ayuda. Lo que puede hacer es similar a aquellos auxiliares de vuelo que le explican que, en caso de una emergencia, deben ponerse la máscara de oxígeno primero.

Sentirá un deseo fuerte para afianzar su autoconfianza y establecer su lugar en el mundo. Al mismo tiempo, pueden exigirle que enfoque en alguien más —quizá una esposa, amante, niño, padre, pariente, amigo, vecino o comunidad— sus cuidados para lograr un equilibrio. Puede tener que querer a alguien que esté enfermo, y por eso tendrá que realizar ajustes y sacrificios para cumplir su lista de prioridades.

En la mayoría de los casos, la mejor manera de ayudar a otros es mostrándoles que ellos pueden y deben ser responsables de sí mismos. Otros casos requerirán un cierto nivel de paciencia, compasión y entendimiento. También puede tener que revisar sus ideas y creencias, que deberán ser las apropiadas a cada nueva circunstancia.

Intente mantener una buena autoestima para realizar sus planes, y adáptese. La responsabilidad es el impulso para responder a un área específica de necesidad y es la manera en que usted responde para cada propósito determinado. Por consiguiente, éste no es el momento para contener sus sentimientos. No existe ninguna necesidad de esclavizarse a las demandas de otros, especialmente si está respondiendo con amor. Pero si sus contestaciones llegan del miedo que la culpa le produce, puede necesitar un buen consejo.

Este año debe dar énfasis al amor y a todas las materias del corazón, incluso del matrimonio, familia, niños, padres, amigos íntimos, deberes, casa, salud, educación, seguridad, paz y creatividad. Este año, además, los placeres y los problemas de su vida personal predominarán. Cuando el amor es su motivación, casi todo puede lograrse. Primero, sin embargo, puede ser necesario aprender la diferencia entre amor y mando, amor y culpa, amor y miedo, amor y atracción, amor y odio.

El amor real no puede comprarse, venderse, manipularle o controlar de forma alguna. Fracasa quien crea que esto puede hacerse sin ocasionar heridas de amor. El amor nunca puede, o no debe, herir. Es sólo la pérdida de amor lo que hiere. Y es nuestro gran miedo al amor lo que nos causa aferrarnos demasiado herméticamente a él para que ya no pueda respirar.

Si hay cualquier sentimiento enfermo en la familia o con aquellos que usted considera como de la familia, intente entender todos los lados de la situación y promover paz dondequiera que pueda. A veces deben expresarse los reproches y enojos para comprender que el perdón es necesario. Aunque puede encontrarse en el papel de tener que resolver el problema, no es su responsabilidad inmiscuirse en los asuntos de otras personas, mucho menos para solucionarlos físicamente, y lo mejor que puede hacer es señalar las opciones e ideas para que sean ellos quienes puedan resolver sus asuntos.

Cuando la energía 6 se entiende correctamente y se aplica, experimentará un moderado placer de amor y afecto con más intensidad que en la vida anterior. Su necesidad de controlar situaciones se minimizará. Encontrará que, permitiendo a las personas que simplemente sean quienes realmente son, cualquier instinto de manipulación empezará a estar fuera de lugar y contrariamente a sus deseos reales, y sus emociones fluirán abierta y amorosamente. Otros se sentirán a gusto en su presencia y esto creará unidad genuina.

No haga promesas que no pueda cumplir, y no asuma responsabilidades que no sean completamente suyas. Si lo hace, el resentimiento, frustración o pérdida de amor, esté seguro que llegarán. Acepte las diversas demandas en sus emociones, tiempo y dinero que se harán este año. Acepte que tiene ahora en sus manos el poder para curarse. También puede ayudar con la curación de otros. Sí, la salud y su virtud para curar son los factores mayores del ciclo 6 del año. De hecho, será durante este ciclo 6 cuando los síntomas se mostrarán con mayor intensidad para que pueda conseguir llegar a la raíz de la causa. Normalmente, encontrará siempre que se trata de emociones inexpresadas que se han encarcelado dentro de usted y han estado luchando por salir al exterior.

Aunque tendrá sus propios problemas para tratar este año, también puede sentirse como en todos los demás un acertado consejero. La energía 6 es tan magnética que puede atraer a ciertas personas hacia usted, incluso a extraños que pueden darse cuenta de que desea ayudarles de alguna manera. Pero, teniendo en cuenta que los impulsos de vibración equilibrados implican también nuevas responsabilidades, es importante no animar a otros para ponerse dependientes de usted. Sea consciente de cómo su necesidad de ofrecer puede interferir con sus prioridades reales. No diga nada cuando no sea apropiado.

En el ciclo 6 del año, las nuevas responsabilidades aumentarán y aparecerán. Se descubrirán nuevos lugares y aparecerán nuevas casas, pues cuando las personas buscan su lugar correcto en el mundo, es porque existe un sentido fuerte de posesión. La casa se puede empezar con negocios o extender los ya existentes, pero sepa que habrá responsabilidades adicionales en el lugar de trabajo. Pueden aparecer relaciones y circunstancias que le obligarán a dedicarles tiempo.

Éste es un momento en el que se forman matrimonios y sociedades, o se reforman. Los bebés y las nuevas venturas creativas nacen, y los parientes perdidos hace largo tiempo y los amigos aparecen bruscamente en nuestras vidas. Se curan relaciones negativas o asociaciones, o se acaban. La justicia se busca y se hacen juicios. Su concepto de la justicia puede cambiar cuando usted comprende que la justa para uno a menudo es injusta para otro, y le hace daño. Esa justicia real tiene lugar en un nivel más alto que la mayoría de las personas todavía son incapaces de comprender.

Hay reproches dondequiera que esté o alguien que le mostrará también odio. Por consiguiente, deben reexaminarse los juicios pasados y los sentimientos involucrados deben expresarse exteriormente. Ir por la vida mostrando odio en su cuerpo y mente no es buen sistema, pues le reconfortará comprobar que probablemente el odio que usted niega tener podría ser sustituido mucho más sensatamente a través del amor. En el futuro, el odio deberá desaparecer de su cuerpo y hará erupción como un sarampión que nunca más volverá. El ciclo 6 del año es un tiempo para aceptar, entender, perdonar y cicatrizar.

Puede tener tendencia a buscar aceptación en su familia o algún otro grupo, y querrá que ellos sean responsables y fidedignos. Sí, posiblemente necesite saber que es aceptado y que pertenece a un cierto círculo, pero también es necesario dejar de juzgarse y analizar cómo la sociedad o la autoridad le deben juzgar aceptable. No hay ninguna persona que sea lo suficientemente educada o fidedigna para determinar si en verdad usted es adecuado o debe modificar su vida. Más que buscar la aprobación de la gente, tiene que seguir sus propios sentimientos para determinar la verdad. Esto es la libre voluntad. Esto es responsabilidad.

El 6 representa educación, pero esta palabra se interpreta mal a menudo y se confina a los juicios que pertenecen al pasado. Los métodos de educación, enseñanza y aprendizaje deben cambiar a lo largo de la vida para adecuarse a las personas y su realidad. Hoy, la educación real involucra la persecución personal y el descubrimiento de la verdad por encima de cualquier otra opción. Todos nosotros tenemos mucho que aprender sobre la vida. La mayoría de ello se aprenderá lejos de cualquier aula, maestro, político, gurú o predicador. No asuma que usted —o cualquier otro— tiene todas las respuestas. Hay una energía extrema empleada en el trabajo para demostrar e insistir que tenemos razón todo el tiempo, casi la misma que aquella cuando asumimos que estamos equivocados y necesitamos de otros para que nos digan lo que es correcto. La verdad requiere que se sienta y entienda, no que se asuma.

El 6 le da el poder del magnetismo. Por ello, atraerá cualquier cosa que analice y lo hará más fácilmente que en otros años. Por supuesto, esto puede tener sus inconvenientes. Enfoque el peligro y terminará en situaciones peligrosas. Enfoque en níqueles y diez centavos, y eso es todo lo que tendrá. Enfoque en las limitaciones de otras personas y se verá rodeado a través de conductas negativas. Busque problemas y, créame, usted los encontrará. Intente enfocar ahora en lo bueno de otras personas. Reemplace creencias anticuadas con nuevas y sea más realista en sus comprensiones. Busque soluciones pacíficas a todos los problemas y permita que otros entren en su vida sin juzgarle.

La responsabilidad es otra palabra que se entiende mal a menudo. Si está esforzándose constantemente en una obligación, y lo hace con resentimiento, o miedosamente, está haciéndolo probablemente por una mala razón. La responsabilidad implica demasiado a menudo algo para lo cual no tiene ninguna opción, algo que se lleva su libertad, algo que es poco apreciado por los demás o algo que está forzando sus deseos. El amor no se puede forzar; la culpa sí, y lo hace. Si una responsabilidad no forma parte de sus pensamientos es que posiblemente no sea suya, aunque un simple razonamiento puede llevarle a la motivación para asumirla. Las circunstancias de este año están ofreciéndole la libertad para cuidar de sus responsabilidades reales con cariño y naturalidad. La energía equilibrada del 6 se renueva, restaura y sana. Este año está en una jornada de poder y prioridad. Es una jornada de aprendizaje y de cómo usted se siente sobre sus distintas relaciones. Es una jornada de curación de los huecos entre generaciones, géneros, juicios e individuos. Es la jornada de la paz. Es la jornada del amor.

Un año 6 personal tiende a sacar responsabilidades crecientes y una preocupación intensa por la familia, el amor y los amigos íntimos. Puede ser un año para hacer algunos ajustes en su vida, o sacrificios para aquellos que forman parte de su círculo familiar o íntimo. Éste realmente no es un año para los logros mayores, sino un tiempo para manejar esos ajustes a sus planes, que pueden ser necesarios o requeridos, y para proyectos acabados empezados antes. Los esfuerzos parecerán ser intensos y los logros se mostrarán muy despacio a lo largo de este año. Debe esperar tener un año muy bueno hasta ahora en los asuntos familiares, domésticos y románticos. Su intercambio emocional con aquellos que están cerca de usted debe ser mejor ahora que antes. Lo importante es estar deseoso de aceptar un paso más lento y estar seguro de disfrutar la paz y armonía que el año personal 6 le traerá.

Las responsabilidades de negocio, así como los problemas domésticos, están en la vanguardia este año. Si tiene una buena armonía en su hogar o relación amorosa, no notará ninguna diferencia. Su premio no vendrá este año a menos que cumpla con las obligaciones que aparecerán ciertamente en el trabajo. En situaciones familiares debe ser verdadero y justo, separando el antagonismo. Esté especialmente atento a los niños y sus emociones, porque está enseñándoles con su ejemplo. Cuide su salud y esté deseoso de dar un poco de atención a la persona amada cuya salud no es lo que debe ser. Guarde un tipo y actitud útil para todos con los que entre en contacto.

AÑO PERSONAL 7. TIEMPO PARA EL ANÁLISIS Y EL ENTENDIMIENTO

El viaje interno, un año de aprendizaje.

La vida es un proceso de crecimiento,
pero sobrepasar las posibilidades del sistema,
y lo que encaja hoy cómodamente,
sea una idea, actitud o creencia,
puede ser completamente malo mañana.

Sally Brompton

Dé la bienvenida al ciclo 7 del año. La energía 7 fluye en una atmósfera de retiro, soledad y quietud. Constantemente está buscando respuestas a sus preguntas sobre sí y la vida. Está buscando verdad, sabiduría, dignidad, cumplimiento y perfección. Este año es para usted.

Sin saber su propósito, la jornada 7 puede estar confundiéndole e incluso deprimiéndole. Por consiguiente, debe entender que no importa cuánto pueda mostrar a los demás, pues éste es un año de aprendizaje para crear las condiciones de vida que quiere. En el proceso, el 7 expondrá constantemente esos aspectos de su vida con los que está descontento, para que simplemente pueda comprender cómo deberá ser de perfecta y satisfactoria su vida futura. Sólo entonces sabrá dónde aplicar sus talentos en un mundo que está evolucionando rápidamente.

Cuando se encuentre a mitad del año sabrá que tiene más potencial que antes y estará buscando —y encontrando— el curso o estilo de vida que siente que es el correcto para usted. Un lado más serio de su naturaleza surgirá, junto con un conocimiento severo sobre cuál es su posición en la vida.

En lugar de apresurarse para encontrar una nueva oportunidad, debe comprender que la oportunidad está buscándolo realmente. Intentando forzar o empujar adelante los acontecimientos sólo producirán los mismos sentimientos viejos de descontento que antes tenía. Debe empujarlos y eliminarlos, pues éste no es un tiempo para hacer, sino un tiempo para ser. Reduzca la velocidad, deténgase y admita que se siente perdido en el gran océano de la vida.

Las responsabilidades del último año no son más importantes ni requieren más fuerza que antes, pero, de repente, no está nada seguro de lo que quiere. Aun cuando estuviera seguro de lo que desea, comprenderá que nunca va a conseguirlo, a menos que se haga un compromiso serio. No tenga pánico, pues estando perdido puede que sea la única manera de averiguar dónde está, aunque parezca una contradicción. La verdad es que está exactamente donde quiere estar y de la manera en que quiere estar.

Éste es un año de investigación y aprendizaje. El ciclo 7 es de introspección, emoción, investigación, análisis, intuición, reflexión, autorrealización y aislamiento. Todas estas energías están disponibles, pero depende de que sepa utilizarlas en cierto modo para beneficiarse de ellas. Esto significa mantener sus inquietudes controladas, y en este año «interno» puede aprender las respuestas a la mayoría de sus interrogantes, evitando preguntas conflictivas, particularmente aquellas que se relacionan con usted, o sus propósitos en la vida.

Entienda que los cambios que desea tomarán tiempo y esfuerzo. Para que las nuevas oportunidades entren, tendrá que permitir que se vayan algunas de sus creencias viejas y actitudes. Este año debe buscar y encontrar lo que es perfecto e ideal para usted, y entonces estudiar y analizar lo que necesita aprender para hacerlo realidad. Tardará bastante este año en deducir las cosas, pero debe asumir que las respuestas existen. La satisfacción instantánea no está en la agenda de este año.

Un paso inesperadamente lento a veces puede causar frustración y cuidado. En estas ocasiones, recuerde que esto no significa falta de movimiento, sino la oportunidad para moverse más realmente hacia las metas que se ha fijado a largo plazo.

Sea paciente, pues se requiere una actividad muy pequeña durante el ciclo 7 del año. En cambio, esta jornada de doce meses debe usarse para inventar metas específicas y planes durante el ciclo 8 dinámico del próximo año, repleto de acción y logros materiales. Debe usarse para ganar la experiencia mental y emocional que hará que los logros materiales sean posibles durante el próximo año.

Aunque su vida estará moviéndose despacio, es posible que obtenga cosas maravillosas y significativas durante el ciclo 7. Sin embargo, deben verse estos adelantos y éxitos como los cimientos de un potencial mayor que se presentará el próximo año. No importa lo que haga, pero deberá ser muy consciente de las imperfecciones en su vida para que pueda estudiar y analizar sus opciones.

Todo lo que experimente este año estará influenciado por el poder de la reflexión. Una vez que este poder se reconozca, su vida será más fácil de entender y organizar. La reflexión no significa que parezca estar mirando al pasado, sino que también significa que observa todo y a todos a su alrededor en el presente, viendo su realidad a través de estas personas y cosas.

Cualquier cosa o quienquiera le puede afectar su realidad. Si es honrado con usted, notará los aspectos de su realidad actual, que están fuera de lugar y no deben permanecer en su vida más tiempo de lo deseable. No importa lo que espiritualmente o materialmente piense, pues el poder reflexivo del 7 expondrá un espacio dolorosamente vacío en su vida, que puede hacer que se sienta bastante solo. Sólo aceptando que este vacío existe en su pensamiento podrá descubrir sus verdaderas capacidades. Si lo observa, ese vacío es su propio potencial triste e incumplido.

Las emociones profundas pueden comenzar. Siénta-
las. Experiméntelas. No las niegue. Si la salud se
resiente durante el ciclo 7, normalmente es una indicación de que hay mucha emoción enterrada dentro de su
mente, que ya no puede contener. Todo este sentimiento
está estallando para conseguir salir fuera, y puede ocasionar que se manifieste en lo que llamamos depresión.
En realidad, es la supresión de sus emociones lo que
ocasiona el mal. Una vez que estas emociones se han
reconocido, y los sentimientos involucrados se han sol-
tado de su cuerpo, una tremenda mejora en su estado lle-
gará, logrando conjuntamente una mejor salud física y
emocional.

Nunca hay necesidad de herir a nadie más en el proceso de soltar sus emociones. Usted quizá, sin embargo,
necesite algo de tiempo para estar solo, sin distracciones,
para que pueda prestar atención a sus sentimientos sin dis-
traerse. A veces sus propios deseos pueden sorprenderle
totalmente, como si fueran secretos oscuros que estaba
guardando.

En el proceso, experimentará muchas visiones súbitas
y revelaciones que aumentarán su confianza considerablemente. Necesitará más retiro en ocasiones, pero ase-
gúrese de que se toma el tiempo y espacio que necesita.
Sepa la diferencia entre el retiro y el secreto, entre planear
y formar planes.

Puede haber una tendencia a analizar excesivamente las situaciones y ésta es una forma de rechazo. Una
vez que haya encontrado la respuesta correcta no debe
negarse a aceptarla, a no ser que considere que debe
seguir buscando otra respuesta en lugar de aceptar la verdad. Recuerde que la verdad para uno necesariamente no

es la verdad para otro, y que la verdad tiene tendencia a desquiciarle un poco antes de que la descubra. Sin embargo, comprenderá pronto que en ocasiones la locura es solamente la forma de librarse de las creencias anticuadas de la humanidad.

Por supuesto, no puede esperar que otros sepan automáticamente lo que está pensando o sintiendo, o lo que le está pasando, o que entiendan sus giros de humor y los momentos en que quiere estar solo. Ellos pueden pensar que ahora está completamente en una dimensión diferente, y no estarán equivocados. A la mayoría de la gente les será difícil comprenderle este año. Ni siquiera sus compañeros más íntimos pueden leer en su mente o pueden sentir sus sentimientos. Por ello, deberá comunicarse abierta y honestamente, y en lugar de tomar sus relaciones como algo superfluo, busque entender y enriquecerlas.

Todos en su vida están reflejando ahora su realidad en usted y sus conductas y actitudes pueden enseñarle mucho sobre sí mismo y proporcionarle información vital acerca de lo que realmente está pasando en su vida y en este planeta. Puede sentirse un poco solo cuando comprenda que algunas de las personas que usted ama no entienden lo que está experimentando. Sea paciente, pues en el futuro lo conseguirán.

Éste es un año para estudiar, investigar, analizar y aprender. Si algo llama su atención, debe seguirlo. Para traer los planes de este año a la mente se requiere que estudie y enfoque. Su intuición y sus sentimientos serán de gran ayuda, porque no importa qué asunto esté estudiando, pues podrá darse cuenta del modo o sentir maneras inesperadas para usar esta información. Un deseo, sueño o pensamiento se pondrá pronto dentro de su alcance y sabrá qué materias necesita estudiar para hacerlo realidad. Comprométase este año para aprender, y pasará así hasta el próximo año.

Lleve su jornada 7 con optimismo y entusiasmo. Planee también su vida para que pueda dejar pasar el tiempo exclusivamente. Escuche a sus pensamientos y note sus sentimientos. Tome la acción de sus habilidades y talentos y trabaje para extenderlos. Sea consciente de esos acercamientos que no están funcionando bien para usted. Recuerde que todo, incluso la naturaleza, está cambiando.

Determine qué tipo de mentiras suyas son persistentes y planee mejorar en ello. Use este año para ganar conocimiento, confianza y especialización. Aprenda a apreciar sus cualidades naturales y reconozca sus dotes y su personalidad. Acepte el hecho de que es un espíritu libre. Abrace la diversidad de la vida y su lugar en ella. Redescúbrase.

Comprenda que la vida no se confina a un campo o situación. Consiga un reconocimiento mayor del mundo, junto con su belleza y sus horrores, su excitación y mediocridad. Reconociendo estos extremos, le ayudará a afianzar una posición equilibrada.

Éste es su año para aprender los principios de la magia. Sí, magia. Los secretos del universo. Las leyes de la abundancia. La voluntad debe determinar lo que quiere a propósito de lo que siente. La conciencia, que es el espíritu o la mente, debe considerar entonces estos hechos y ordenarlos. Debe enfrentarse a sus miedos y permitirles salir a través de usted mismo al exterior. Mediante este proceso, sabrá lo que necesita ser temido y lo que no.

El intento loable por tener éxito le quitará de la esclavitud de culpa. Sin culpa, su realidad puede verse como realmente es, y el equilibrio puede mantenerse. Sin este equilibrio, sus magias pueden materializarse bien, pero no cuando había esperado. La aceptación de la realidad es la llave y, para esto, se requiere su presencia total. Sólo estando completamente presentes en su pensamiento estas situaciones, encontrará las respuestas que necesita para tejer el tipo de magia que realmente desea. Ésta es la razón por la cual el ciclo 7 le pide que analice, en lugar de hacer.

La vida se estira más allá de nuestros propios ambientes privados. Más allá de este planeta viviente nos conectamos a un universo entero que está rebosando de vida y energía, que ni siquiera podemos imaginar. Explore cada aspecto de su propia realidad y, a finales de este año, no habrá ninguna duda en su mente acerca de quién y lo que usted es, y dónde encaja en el calidoscopio de lo que llamamos vida.

Si piensa que sabe su verdadera identidad, puede ser que esté equivocado, y posiblemente se asuste con las nuevas revelaciones. El ciclo 7 le da la oportunidad para descubrir todos los conocimientos.

Un año personal 7 promete ser un año muy introspectivo, un periodo de cierta pausa y reflexión entre años muy activos en su vida. Este año debe proporcionarle algún tiempo para conseguir un poco de comprensión hacia usted, y podrá sentir la necesidad de dedicar parte de su tiempo en la contemplación. Será bueno que pase algo de tiempo exclusivamente en actividades calladas y en solitario, todo lo libre que sus responsabilidades le permitan. Debe intentar alejarse de las presiones de negocio, aunque es un buen año para reflexionar sobre el pasado y planear para el futuro.

No será un año de acción, sino un año de espera y desarrollo. Una de las actividades más aprovechables con la que se puede comprometer durante un año 7 es en el estudio y la escritura, pero su habilidad para pensar claramente, analizar e integrar sus pensamientos, es ahora puntiaguda. Su capacidad para la investigación y el entendimiento es su baza y no sería raro que tenga que asumir una apariencia de frialdad y separación durante el año 7. Ciertamente, es mejor que enfoque su atención en sus talentos y habilidades, en un esfuerzo para usar el tiempo disponible que tiene en refinarlos ahora. Quizá pueda encontrar el tiempo para conseguir más educación, o simplemente para pasar el tiempo libre en la reflexión y meditación.

Se alegrará de saber que el número 7 se llama año sabático, sobre todo después de las responsabilidades interminables de los últimos años. Involucre a alguien más en algunos de sus deberes y dedique su tiempo a descansar, meditar y pensar. Éste promete ser un año espiritual y debe dedicar por ello algún tiempo para hablar con su Dios interno, especialmente en los momentos en que pueda sentirse solo, y vea que la tarea que ha asumido es demasiado grande. Pero esas situaciones pasarán rápidamente y pronto se encontrará manteniéndose en un plano más alto en sus pensamientos, así como en sus actos. Está ahora en un periodo de aprendizaje sobre los significados más profundos de su vida. Los amigos pueden sentir que se está apartando de ellos, y quizá sea cierto. Los intereses a veces cambian, y ésta es una de esas veces.

AÑO PERSONAL 8. LOGRO Y GANANCIAS DEL CAPITAL

Desarrollando su poder personal, tendrá una jornada de logro.

Cualquier alma que sabe buscar,
puede obtener.

Margaret Fuller

Todo lo que quiere lo conseguirá en el ciclo 8. Realmente lo hará. Sin embargo, si no sabe lo que quiere, no tendrá modo de conseguirlo. Este año es tiempo para ponerse específico y para sentir lo que está en su corazón y permitir que se cumplan sus deseos. Está viajando en un ciclo largo en el que prosperará según la fuerza de su pensamiento y su deseo de tener éxito.

A lo largo del año, sentirá un marcado aumento en su habilidad para hacer que las cosas pasen. Por consiguiente, sus expectativas subirán, junto con su autoconfianza y sus sentimientos de satisfacción.

Es probable que el año pasado estuviera profundamente emotivo y se sintiera confuso. Tenía que ser de esta manera para que pudiera saber cuáles eran realmente sus deseos. Ahora, es suficiente. ¡Es tiempo para empezar un negocio!

Comprenderá pronto que debe hacerse ahora más fuerte de lo que ha sido antes. Tradicionalmente, el 8 es conocido como la energía, el poder, lo material y las ganancias financieras, logros, premios, solidez y autosatisfacción. Este año, experimentará todas estas cosas y su verdadero significado. La vibración 8 proporcionará los medios —el poder personal— con que cambiar el statu quo y lograr una meta significativa que alterará la dirección entera de su jornada.

Hay una cierta y fuerte tendencia, una fuerza que puede no haber experimentado antes, que le llevará lo más cerca a la libertad que ha tenido antes. Depende de usted decidir lo que quiere lograr y eliminar los hábitos y actitudes que lo han detenido en el pasado. Es tiempo para hacer un compromiso firme y crear una nueva y satisfactoria realidad.

Puede empezar al principio en una dirección concreta, sólo para encontrarse después en una nueva situación. El progreso vendrá de la información y la inteligencia que han aumentado durante el curso del año. Ésta no es meramente una cuestión de creer en algo nuevo, sino de conocerlo.

Los logros de este año son sólo el principio de su avance a largo plazo en la libertad y felicidad. Recuerde que ese deseo es una forma de amor que lo maneja y a menudo lo lleva, desde el interior, hacia el éxito externo. Éste es un año muy especial en el que los eventos y circunstancias lo llevarán de una experiencia importante en la próxima. Ahora puede encontrarse en el extremo receptor del material, regalos emocionales o espirituales. Otros se inclinarán a ayudarle y apoyarle una vez más, si ven que se está tomando en serio sus metas. Este año estará aprendiendo sobre el negocio de vivir.

Cierto sentido de pertenencia es uno de los premios más preciosos de la oferta de este año. Su demanda, sin embargo, debe empezar con usted mismo. Si no está contento con su vida, entonces dependerá de lo que haga y de la necesidad para cambiar sus circunstancias.

Su lugar correcto en el mundo necesariamente no es una cuestión de situación geográfica. Si está en el lugar donde quiere estar, su interés debe centrarse en el amor, relaciones, salud, estado, finanzas o cualquier área donde desee mejorar. Cualquier deseo puede realizarse, pero es importante que lo trate como una meta, una ambición alcanzable. Aunque sus metas pueden ser de naturaleza externa, la última meta debe ser el sentimiento interno de satisfacción, pues después de todo, ¿qué es el éxito? Es un estado de felicidad.

Este año se encontrará con otros que no están donde quieren, pero que también están buscando el calor de la satisfacción personal. Usted necesita estar alrededor de aquellos que están buscando la verdad, satisfacción y libertad. Ya no puede soportar las limitaciones impuestas por aquellos que no comparten o entienden su necesidad por la independencia y cumplimiento. Sabrá que si algo lo siente como correcto, es porque tiene razón. También comprenderá que lo que es correcto para uno puede sentirse como algo totalmente malo para otro. Cada uno de nosotros tiene el derecho, y la responsabilidad, de escoger su propio curso.

Al principio, otros pueden oponerse, especialmente aquellos que piensan que puede estar apuntando demasiado alto, o aquellos que se sienten inseguros con sus ambiciones. O usted puede tener dudas acerca de cómo puede hacer que sus deseos ocurran cuando no parece tener los medios o conocimientos para lograrlo. O puede poder sentir el potencial fuerte de la energía 8, pero es incapaz de saber lo que realmente quiere lograr.

Relájese. No debe poner tales obstáculos en su vida, al menos que sea capaz de poner los remedios para superarlos. Le pido que sea al menos capaz de imaginar los detalles de la vida que quiere vivir, de que por lo menos sueñe con ello. Debe estar convencido de que podrá tener lo que quiere. Ahora está exactamente donde necesita estar para encontrar los recursos y la inspiración que controlan esta excitante jornada de doce meses.

El poder de sus sentimientos está llevándole ahora en una dirección particular. Esta energía puede hacer que sus esfuerzos parezcan fáciles, pero no cometa el error de verlo así, pues éste no es el año del relax. Hay un gran trabajo duro por realizar y se necesita determinación para ello. Tendrá que efectuar decisiones difíciles y por eso habrá tensión física, mental y emocional. Por consiguiente, es esencial que se tome el tiempo adecuado para descansar y llenar sus energías, aun cuando crea que no lo necesita. A lo largo de este año de metas y logros, necesitará tomar descansos frecuentes y completos para aliviar la carga del trabajo. Si no, podría quemarse fácilmente después de octubre o noviembre.

Las circunstancias de este año expondrán muchas formas diferentes de poder. Algunas serán excitantes mientras que otras le permitirán ver las consecuencias horribles del abuso de poder. De estas experiencias querrá desarrollar un poder mayor, pero sólo debe ser una forma de convertir sus sueños en realidad. Éste es un tiempo de acción dinámica, eficacia y fe.

El ciclo 8 le permite conseguir los premios de cualquier cosa en la cual haya invertido en su vida. Estos premios dependen grandemente de cuánto amor haya empleado en ello. Finalmente, aprenderá que ese amor tiene muchas formas diferentes y es, sin duda, el mayor poder de todos.

Es ciertamente un tiempo para enfocar en la carrera, progreso material, finanzas, negocio y estado. El siglo XXI es ideal para cambiar antes de que encuentre su curso correcto. Debe revisar el mismo concepto del dinero, impulso y éxito, tanto como la realidad de estos cambios que se muestran ante sus ojos. El verdadero éxito, para este día y después, será moderado, pues lo que usted saque de la vida es, más bien, lo que haya sembrado. No está aquí en este mundo para esforzarse para otros, sino para crear su propio y único destino.

Reconozca el poder que otros tienen encima de usted y encuentre el modo para soltarse de su control. Si el dinero o el poder parecen ser de todos los que están manejándolo, entonces es probable que logre ciertas metas, pero su pensamiento potencial a largo plazo debe ser de autosuficiencia.

El ciclo del año 8 es una demanda para la satisfacción interna, para la felicidad. Esto significa que debe hacer lo que tiene que ser hecho para crear la vida que quiere. Uno de los primeros premios del año puede venir como una oportunidad para realizar lo que quiere hacer finalmente. Éste es un retorno para invertir en buscar eso que de verdad desea en primer lugar. O también puede tener la oportunidad para traer lo que hace a un nivel más alto. Aproveche esta oportunidad y apueste fuerte en sus habilidades y potenciales.

Cuando los eventos globales se desplieguen, comprenderá que es el único que puede llevarlos adelante y encontrar prosperidad, seguridad y estabilidad. Debe informarse y ser consciente de lo que está teniendo lugar en el mundo. Esto aumentará su poder y le permitirá que tome medidas preventivas para proteger sus recursos y reputación. Esté listo para dar la vuelta a su vida y hacer que sea satisfactoria de verdad. En este tiempo deberá tomarse las cosas más en serio y, puesto que va a conseguir todo, corrija sus defectos.

Ciertos obstáculos pueden tener que ser enfrentados, pero debe sortearlos, pues no puede permitir nada que le aparte de su camino final. Algunos de estos obstáculos ya se han materializado debido a los conceptos erróneos sobre la realidad política y económica de hoy, además de cierta incapacidad para separar su trabajo del amor. Ahora los acercamientos conservadores ya no funcionan y están cuestionándose las instituciones, y existen muchas personas que desean la libertad para decidir todo para ellos.

Recuerde, está viajando ahora en «el poder», la sección de su jornada en un mundo que está cambiando rápidamente. Es difícil mantenerse al ritmo de todo lo que sucede pero, ¿por qué se esfuerza en el pasado si por enfoque y dedicación puede salir adelante y mostrar un potencial positivo de humanidad?

Está en una misión muy seria este año y sabrá que está en curso cuando comprenda simplemente cuánto está disfrutando del trabajo involucrado. Podrá percibir un sentido aumentado de autoimportancia, y ésta es una buena señal de que está sintiendo la urgencia y el placer que necesita para encargarse de su propia vida. Esto no es tiempo por la falsa modestia o la arrogancia sincera; sólo para la aplicación práctica de lo que debe hacerse.

Intente aceptar todo lo que está sintiendo, incluso el miedo y la arrogancia, y esfuércese por equilibrar estos sentimientos.

Muchas emociones contradictorias se mostrarán con el propósito de entender y equilibrar su ego y no lo suprimirán. Cuando sus pensamientos lleguen a un lugar tranquilo entre el ego y la depreciación, va a dormir apaciblemente y surgirán otras formas diferentes de amor.

Sus habilidades están en su momento más fuerte este año. Podrá hacer cosas con buenos resultados y ello aumentará su confianza en sí mismo, y actuará decididamente.

Ponga énfasis en la abundancia y la materialidad relacionadas con su carrera y finanzas. También pueden lograrse premios en otras áreas de su vida en las que el amor forme parte. La variedad de premios que recibirá este año le ayudará a disponer de un mayor sentido de satisfacción. A su vez, aprenderá que los premios nunca pueden satisfacer como los sentimientos.

Mantenga un acercamiento metódico a todo lo que haga y use todos su esfuerzos y conocimientos para lograr sus deseos. Éste no es momento para los sueños ociosos o los deseos en la mente. Es un tiempo para vivir el sueño en lugar de meramente fantasear sobre eso. Es un momento para despertarse del vacío que llega de creer que otros controlan su vida. Ponga a punto su voluntad y haga lo que realmente quiere hacer.

La energía 8 le permite extender sus talentos significativamente y descubrir virtudes que no sabía que tenía. El 8 trae dignidad en su vida, enseñándole que ha conseguido una habilidad que es suya y la ha logrado con esfuerzo y dedicación. Ahora es el tiempo para desplegar un talento que, hasta ahora, ha tenido que guardar bajo las envolturas.

Acepte su responsabilidad para vivir en libertad. Cree su propia seguridad financiera y material. Aprenda a realizar sus trabajos y comprenda que su seguridad personal va unida directamente con eventos aparentemente sin conexión, que tienen lugar en otra parte alrededor del globo.

Lo que fue considerada antes como una operación comercial legítima, posiblemente no lo sea hoy. La competición no es la respuesta para mantener la calidad, pues de ser así competir se convierte en una guerra. La mejor calidad sólo puede ser mantenida si existe pasión por ella y debe recordar esto cuando presente sus ideas al mundo este año. Concéntrese en los problemas mayores y márchese de la mezquindad y dependencia, evitando delegar tanto y tan justamente como sea posible. Apunte más alto en su vida que antes y persiga lo que realmente quiere, pues si cree en ello lo conseguirá.

Recuerde que este año está experimentando y aprendiendo sobre su poder. Aprenderá que ese amor es el mayor poder de todos, aunque primero debe amar su talento y posteriormente los sentimientos que posea. Lo que Dios le ha dado es algo personal, único, y debe creer en ello más que en nada ni en nadie. Pronto encontrará que usted y otros son mucho más amables y querrá compartir su buena fortuna. Recuerde que el amor que está buscando debe empezar primero en el interior. En esa base, sus miradas futuras deben ser muy luminosas.

Éste es su año de poder, un periodo en el que puede hacer pasos largos importantes en la vida. Viniendo de un periodo muy lento e introspectivo (el año personal 7), puede empezar por poner en marcha sus ambiciones. Se trata de un año de decisiones grandes y logros mayores. La actividad es ahora su nota predominante, pues se encontrará envuelto y muy ocupado. Las oportunidades para el avance y reconocimiento del pasado es probable que le condicionen el trabajo actual durante este año. Tiene cosas que van para largo, aunque ya estén iniciadas, y es fácil que se aburra con ellas o, por el contrario, que se dedique metódicamente a su consecución. Si está inclinado totalmente a realizar algo, éste es el momento para efectuarlo, aunque para ello tendrá que ejercer cierta autoridad. Su poder y potencial están en su mejor momento de este ciclo personal de nueve años que concluye al final del próximo año.

Es un año para los negocios y el comercio financiero, con los cuales podría conseguir mucho dinero. Aunque las oportunidades pueden abundar para los tratos comerciales y el éxito en estas aventuras, sea muy consciente de que el dinero puede escapársele también. Se trata de un año para cosechar y por ello segará lo que ha sembrado durante los pasados siete años. Esté alerta para las oportunidades que pueden traerle prosperidad a lo largo del año. También puede ser un buen periodo para las compras y la venta de algo, incluyendo la vivienda, pero no dude en buscar el consejo de un experto antes de tomar una decisión. Las materias familiares pueden necesitar su atención.

AÑO PERSONAL 9. REFLEXIÓN Y EXTENSIÓN DE LA MANO

El extremo de una era, remontándose para exigir su futuro.

El viejo está muriéndose y el nuevo no puede nacer. Provisionalmente, aparecen una gran variedad de síntomas mórbidos.

Antonio Gramsci

El ciclo 9 del año trae el fin de un ciclo de nueve años completos de su vida. Éste es un tiempo de completar negocios inacabados y sacar conclusiones, ligar extremos sueltos y limpiar el trastero. Estas acciones le permitirán que camine atrás en los próximos nueve años de su vida sin la presión de materias irresolutas de su pasado.

Se ha dicho a menudo que cuando una puerta se cierra otra se abre, pero si se niega realmente a aceptar que esas puertas se han cerrado, será incapaz de ver las nuevas puertas y las posibilidades que se abren ante usted. Es tiempo para enfrentarse a la realidad absoluta de su pasado y presente, y entonces decida cómo quiere crear su futuro.

Su realidad no es una materia que le explique dónde está de pie hoy o dónde quiere estar mañana. Se compone de todo lo que le ha pasado alguna vez, todo lo que se ha encontrado, algo que ha hecho y cualquier sentimiento que haya sentido o negado. Donde está de pie hoy es el resultado de dónde ha estado.

Pero antes de que pueda seguir avanzando debe soltarse mentalmente, emocionalmente, y a veces físicamente, de esos aspectos que ya no sirven para un propósito y están encadenándolo en un punto que ya no existe.

Es tiempo para integrar su pasado con el presente, para que el potencial de su futuro pueda verse y sentirse. Esto se logra aceptando el pasado exactamente como fue y sintiendo todo lo que ha sido incapaz de percibir.

Este año mantiene la oportunidad de una transformación evolutiva significativa. Habrá alteraciones y mejoras en todas las áreas de su vida, aunque no pueda ver los méritos positivos de ciertas situaciones inmediatamente. Cuando las viejas emociones enterradas hayan sido soltadas, la vida se vuelve de repente una experiencia mucho más ligera, se entiende más fácilmente y se disfruta.

Puede sentir un sentido de entumecimiento o estancamiento en ciertos momentos. Esto es porque tiene que aceptar su realidad completa, pero debe celebrar las emociones involucradas en lugar de expresarlas fuera. La presión magnética que esto crea previene ciertas mejoras y ocasiona que se repitan las mismas situaciones que preferiría evitar. Nosotros tenemos todos cierto condicionamiento para creer que la expresión emocional denota debilidad y es «negativa». Pero, de hecho, la expresión emocional es nuestra fuerza, nuestro propio mecanismo autocurativo, nuestro único medio de libertad y la última herramienta de creatividad.

Las personas que se niegan a aceptar el pasado son aquellas que gastan su vida entera en las mismas situaciones viejas y cometen los mismos errores, incapaces de aceptar nuevas realidades, descontentos con todo y envejeciendo rápidamente. Ellos encuentran maneras de justificar su existencia poco satisfactoria culpando a otros, culpando al tiempo, culpando a la vida, y a veces culpándose a sí mismo.

Las creencias inmutablemente tercas causan, en las personas que abrazan frases como «¡Esta vida es una mierda!» o «¡Qué mala suerte he tenido en mi vida!», una actitud de sumisión ante las desventuras que le impiden mejorar. Parece a menudo más fácil aceptar excusas como éstas que aceptar nuestra responsabilidad para vivir alegremente.

Algunas personas prefieren mantenerse aparte de la humanidad, de la época a la que pertenecen, pero en realidad es que tienen demasiado miedo para ser una parte de ello. Y, porque ninguno de nosotros ha evolucionado de verdad todavía con libre voluntad, todos estamos efectuando continuas equivocaciones similares.

Este año no es suficiente con tener un entendimiento intelectual de la vida, pero al menos entenderá que sus sentimientos son sus medios más valiosos para activar la libertad personal. Este año de fines y ofertas le darán la oportunidad de librarse de las creencias erróneas que siempre han causado infelicidad, descontento y estancamiento. El ciclo 9 del año le enseña cómo romper con el pasado soltando su ligazón a él. Sin esta comprensión, será para siempre una víctima de algo que una vez pasó. Es tiempo para sanar.

Nada nuevo pasará en el ciclo 9 hasta el final del ciclo. Ahora debe esforzarse por empezar algo nuevo sin soltar primero el viejo, pues la experiencia tampoco es mala consejera. Si no hace un esfuerzo para aceptar las realidades emocionales de su pasado este año, encontrará que su historia se repetirá simplemente en su próximo ciclo de nueve años.

Éste es un año para remontarse de la jornada continua de su vida y considerar todo lo que le ha pasado. Habrá cosas que no quiere recordar; recuerdos que pueden estar bloqueando su conciencia. Éstos son los mismos eventos y situaciones que necesitan ser dirigidos ahora, pues se trata de cargas pesadas que están pesando como si fueran un ancla que le impide avanzar en el tipo de vida que desea. Lo mejor que puede hacer es intentar que salgan a la luz para pulirlos, pues con ello terminará definitivamente por olvidarlos.

Es el peso de las viejas emociones lo que causa la depresión, aunque intentamos engañarnos creyendo que la depresión puede ser vencida evitando estas emociones. Esta pretensión crea un rechazo más profundo y, en el futuro, una depresión más intensa. Si se encuentra alimentando ciertas emociones como enojo, temor o pesar, y esto le impide llevar una vida constructiva, tiene ahora una buena oportunidad para usar estas emociones como una excusa para no seguir negando otras emociones que le entierren aún más profundamente.

Estar asustado por notar sus sentimientos es una respuesta natural. La única manera de tratar con este miedo es entender que debe permitirse sentirlo, como todos los otros sentimientos, y seguir su propio proceso evolutivo. Debe permitirles que se muevan, en lugar de temerlos o aceptar que deben seguir ahí. Sienta su miedo, acepte su presencia y permita que salga a través y fuera de usted. Este proceso desarrolla valor, habilidad para reconocer esas cosas que realmente necesitan ser temidas y aquellas que necesitan no ser temidas en absoluto. Las nuevas comprensiones seguirán, y otras emociones enterradas seguirán el mismo curso exterior.

Debe intentar ser totalmente honrado consigo mismo. Entienda que el pensamiento positivo no hace mal ni bien, si no lo está sintiendo positivo simultáneamente. Sus pensamientos y sus sentimientos son dos energías muy diferentes y deben experimentarse separadamente para que pueda evaluarlos aparte.

Sin embargo, cuando sus sentimientos internos y pensamientos están de acuerdo y se alinean entre sí, los milagros empiezan a pasar. Uno de estos milagros es que cada momento que suelta una emoción enterrada, algo positivo ocurre después siempre.

Para expresar sus sentimientos debe aceptar que están allí; búsquelos, reconózcalos y entienda su causa. La vibración 9 le lleva a lo que parece una mala dirección —al revés—, pero ésta es la dirección que debe tomar para encontrar los problemas inacabados que están impidiéndole ir adelante.

Es natural que durante el ciclo 9 esté muy emotivo. No sólo está tratando con emociones del pasado, sino también con nuevas situaciones emocionales en el presente que, en efecto, permitirán que los viejos sentimientos sean expulsados.

Las circunstancias de este año realmente pueden renacer de circunstancias del pasado en formas diferentes. Pueden representar las consecuencias de acciones del pasado, creencias y actitudes, pero es imposible vivir totalmente en el presente si una parte está atrancada en el pasado. Por consiguiente, querrá remontarse y recuperar esas partes que le mantienen atado.

Éste es un ciclo de doce meses en que la generosidad y la obra del humanitarismo tienen un papel importante. Logrando una profundidad mayor de sentimientos, se dará cuenta simplemente de cómo los sentimientos son muy poderosos. Pero no solamente son los suyos, pues es probable que alcance un entendimiento más compasivo de las necesidades de otras personas. Se dará cuenta de cómo usted y otros están componiendo ciertos problemas negando sus verdaderos sentimientos y negándose a enfrentar la realidad de sus situaciones. También se dará cuenta de la diferencia entre compasión y culpa.

Si se encuentra ayudando a otros frecuentemente, o permitiendo que las acciones de otros le hieran de alguna manera, probablemente está haciendo que asumir los errores de otros es ley de vida. Alguien le asegurará que esta forma de comportarse es correcta, quizá sí y quizá no. Solamente es la única manera de que esté seguro de permitir que sus propios sentimientos le guíen. Está en el ciclo 9 del año en que puede comprender hasta qué punto el sentimiento de la culpa nos ha impedido lograr felicidad y cuánto tiempo hemos perdido por los reproches.

Los recuerdos infelices se mostrarán para que puedan sanarse y esto creará un espacio dentro de usted para mejorar su felicidad. Las creencias inexactas viejas serán reemplazadas por nuevas y potenciales verdades. Cuando acepte lo que ha pasado antes, desarrollará una visión más clara de lo que quiere que pase en el futuro. Lo antiguo se vuelve presente, y su libertad —su deseo— determinará entonces su futuro.

No todos los fines tendrán emociones infelices atadas a ellos. Se concluirán ciertas situaciones y llegarán otras mejores. No siempre asuma lo peor y acepte que su pasado simplemente es la tierra que tenía que abonar para conseguir adónde quiere ir ahora. Su comprensión de esto hará del ciclo una de las jornadas más estimulantes y dinámicas que haya vivido en su año 9.

Éste es un año de realizaciones y terminaciones, y un tiempo en que se sentirá inclinado a hacer inventario de muchos factores de su vida; algunos de ellos por los que se siente indudablemente orgulloso, y otros que puede querer cambiar. Es probable que escrute los viejos valores, los ideales y las ideas que antes pensó eran importantes. Se trata de un tiempo en el que estará más involucrado que en otro y dado a dedicarse a actividades más importantes que en otras épocas, o que no forman parte primordial de su vida. También puede darse cuenta de que existe la naturaleza, y por ello tendrá deseos escapistas mucho más intensos que en el pasado. Muchas cosas por las que ha estado trabajando deben realizarse durante este año, y así tenderá a aclarar los preparativos para el principio de un nuevo ciclo de nueve años.

Ahora está cerrando un ciclo de nueve años y consiguiendo durante los próximos los nuevos principios, liberándose de cualquier cosa, persona o situación que ya no necesita en su vida. Hay muchas situaciones y relaciones que no son muy cómodas para usted y si han sobrevivido hasta ahora no es por un intenso deseo personal. No intente aferrarse a alguien o algo que limite su necesidad de libertad y haga lo posible para ser entendido y tolerante. Es muy importante atar los extremos sueltos y terminar cualquier proyecto que puede estar cerrando. También es importante que atienda los problemas irresolutos en sus relaciones, porque estas cosas regresarán a menos que definitivamente las termine. Enseñe a ser compasivo, por ejemplo.

LA ESENCIA

Un ciclo adicional usado en numerología está asociado con el nombre, en lugar de la fecha del nacimiento. Este método cronometrado usa las letras del nombre en lo que podría llamarse tránsitos del nombre, para llegar a esta información importante del ciclo que se llama la esencia. El tránsito empieza en el nacimiento con la primera letra de su primer nombre, la primera letra de su segundo nombre y la primera letra de su último nombre. Sus valores ascendentes definen el tono del año de nacimiento y el envejecimiento. Nosotros seguiremos con estos tránsitos que encuentran la esencia de cada año de vida. Aprenda a calcular los tránsitos cuando trabaje con la hoja de trabajo.

Éste es el sistema:

1	2	3	4	5	6	7	8	9
A	B	C	D	E	F	G	H	I
J	K	L	M	N/Ñ	O	P	Q	R
S	T	U	V	W	X	Y	Z	&

Sume el total de sus letras y redúzcalo luego a un solo dígito.

Aquí están las descripciones para cada esencia:

ESENCIA 1

La esencia del número 1 es un tiempo en el que está desarrollando nuevas ideas y agrandando proyectos alrededor de los que ha estado durante algún tiempo. Éste será un periodo que traerá la oportunidad para marcar el aumento en su estado personal y reconocimiento. Se trata de una opción para convertir un hobby antiguo en una vocación lucrativa. Muchos nuevos amigos y asociaciones de negocios son probables ahora. Sus posibilidades en el mundo pueden crecer mucho, y por ello conseguir algún reconocimiento por sus logros. Una cosa llevará a otra y puede encontrar muchas alteraciones en su vida durante esta época.

Si esta esencia permanece en efecto durante tres años o más...

Esta esencia estará en efecto por un periodo largo de tiempo, y su significado con respecto al cambio está confundiendo un poco. En algunos casos, esto predice una serie de cambios continuados y dramáticos, o un cambio considerable durante muchos años entre el principio y el fin de cada alteración.

Con un año personal 1...

Los efectos de esta esencia en un número 1 se amplifican grandemente. Será muy duro para usted escoger entre las oportunidades durante este periodo y estará inclinado a encontrarse con algunas situaciones frustrantes. Necesita estar preparado para hacer opciones cuidadosas ahora con mucho ojo, pues sus decisiones repercutirán en el futuro.

ESENCIA 2

El número 2 es un ciclo en donde todo parece estar consolidándose y ser decididamente un periodo de crecimiento. Pero a menudo el crecimiento no existe si no se hacen inversiones, y debe hacer mucho énfasis en la cooperación y la paciencia. Puede encontrar relaciones en vías de desarrollo o intentar desarrollar una buena relación. Se encontrará trabajando en grupo y probablemente ayudando a otros.

Recíprocamente, puede esperar ahora mucha ayuda de los demás. No obstante, esta etapa está inclinada a ser un periodo de desarrollo lento, con retrasos, barricadas y obstáculos, y el periodo posiblemente será de gran frustración para usted en cierta manera. Puede haber muchas emociones asociadas con la esencia 2, y por ello estará mucho más sensible ahora. Experimentará una bajada de energía y vitalidad a lo largo del ciclo y, aunque las confrontaciones son ahora difíciles, a menudo serán necesarias.

Si esa esencia permanece en efecto durante tres años o más...

El 2, que permanece en parte de su vida durante un periodo largo, puede producir tensión nerviosa debido a las altas emociones prolongadas y/o frustración profunda debido a los retrasos y problemas encontrados.

Con un año personal 2...

Cuando esta esencia está en efecto durante un año personal 2, los conflictos emocionales pueden elevar la tensión, perturbar la sensibilidad e incluso pueden afectar la salud. El autodominio y un acercamiento disciplinado pueden ayudar a que mantenga un equilibrio armonioso. Planee avanzar despacio, a pesar de los desvíos periódicos.

ESENCIA 3

La esencia con el número 3 es un tiempo muy especial cuando se siente y experimenta la alegría de vivir. Éste es un tiempo muy agradable en su vida y podrá hacer muchos nuevos amigos y renovar las viejas amistades. Es un tiempo para aventuras amorosas y extender el círculo social, pues hay muchas actividades y tiempos buenos. Es probable que viaje gran parte de este tiempo.

El otro factor que está asociado con la esencia 3 es la expresión. Es un buen momento para que se sienta interesado en el desarrollo del trabajo creativo, particularmente trabajos que involucran palabras... cantar, actuar, escribir. Debe ser un tiempo ocupado en mostrar sus talentos con clases, o estudiar, o empezar a realizar negocios que involucren esfuerzos creativos.

El optimismo es la palabra operativa durante este ciclo. Aunque es un periodo muy agradable, debe tener cuidado ahora con su tendencia a esparcir sus energías.

Cuando el periodo se extiende durante tres años o más...

Este periodo largo puede permitir un desarrollo creativo significativo en un positivo y feliz tiempo en su vida.

Esencia 3 con año personal 3...

Puesto que está disfrutando esta esencia 3 junto con un año personal 3, puede tener mucha dificultad para mantener su sentido de autodisciplina. Divertirse demasiado puede ser un gran error. Igualmente, éste probablemente sea un tiempo muy inquieto para usted en cuanto a que puede ser el principio de grandes acuerdos.

ESENCIA 4

Durante este número 4 los eventos y oportunidades que vienen darán énfasis a un tono más serio. Es un tiempo para poner los asuntos de su vida en orden y su atención estará dedicada a intereses más prácticos, como tratar con materias financieras y su trabajo. El desarrollo de las oportunidades en su vida requiere una vista práctica y realista ahora junto con mucho trabajo duro, esfuerzo, determinación y disciplina. De muchas maneras estará inclinado a sentir ciertas restricciones durante algún tiempo en su vida y puede enfrentarse a algunos retrocesos en su progreso. Éste es un tiempo para construir el edificio, pero el proceso puede ser a veces dolorosamente lento.

Si esta esencia está en efecto durante tres años o más...

Puesto que la esencia 4 está con usted durante varios años, en este periodo estará inclinado a sentirse con una gran lucha interior. Habrá ganancias significativas o logros que serán el premio para su trabajo duro y determinación durante esta esencia.

Con año personal 4...

Puesto que esta esencia acompaña un año personal
número 4, los sentimientos extraños no serán raros. Las
condiciones represivas pueden estar en su mente especialmente en el trabajo, pero el sentimiento de mejora
estará allí. Realmente, su objetivo serán los obstáculos a
los cuales se enfrentará, aunque puede ser que no sean tan
formidables como piensa.

ESENCIA 5

Con la esencia en el número 5 encontrará que los eventos y oportunidades que llegan darán énfasis a la libertad
y al cambio. Sus experiencias durante este ciclo serán
súbitas, raras e inesperadas, y estará inclinado a tratar
constantemente con circunstancias cambiantes y actividades. Las venturas en su vida enfatizarán progreso, nuevas
ideas y probablemente nuevos amigos ahora. Los viajes
son muy probables. Debe tener cautela para evitar la tendencia para irse en varias direcciones y esparcir sus fuerzas. Escoja sus oportunidades cuidadosa y pensativa-
mente. La libertad es grande, pero esté seguro de usarla de
manera constructiva para ayudar a otros.

El periodo de esencia 5 durante tres o más años

Un periodo largo de esencia 5 sugiere que está inclinado a ser libre durante él, pero, a menos que tenga un
poco de autodisciplina, la mayoría de la energía probablemente será esparcida con logros muy pequeños. Si esto
ocurre, puede haber sentimientos de frustración profunda.

Esencia 5 durante un año personal 5...

Éste puede ser un periodo en el que también estará libre. El cambio constante no siempre es de crecimiento constante y desarrollo. Intente mantener un acercamiento equilibrado y pensativo a los problemas y oportunidades, pues ahora mandan los intereses egoístas.

ESENCIA 6

La esencia 6 enfoca circunstancias y oportunidades en la casa, la familia y principalmente en materias domésticas. Este tiempo está asociado con la responsabilidad, pero normalmente el trabajo está cerca de casa o involucrando asuntos muy cercanos, incluyendo a sus amigos íntimos. Si está solo, éste es un tiempo muy bueno para el matrimonio; si está casado, es un buen momento para su matrimonio. Es adecuado para resolver cualquier problema que pueda existir en el matrimonio y tratar con ellos antes de que se pongan más serios. También es un tiempo para los niños, y puede ser un buen momento para tener un hijo. El 6 a menudo también involucra un servicio a su comunidad de alguna manera, aunque la responsabilidad inmediata debe ser para su familia. Esto es más común si es ya viejo y necesita que le ayude su familia inmediata.

Si la esencia 6 se extiende durante tres años o más...

La idea de intensa responsabilidad es una parte de su vida durante este periodo. Con suerte, aceptará responsabilidades y crecerá en su ejecución. La resistencia al deber puede ocasionarle cierto sentido de aislamiento ahora. Por otro lado, si se encuentra con desafíos, se sentirá inclinado a reembolsarse satisfacciones con el amor y la devoción de aquellos que están cerca de usted.

Esencia 6 durante un año personal 6...

Las responsabilidades nunca pueden parecer mayores de lo que son, pero los premios por aceptar obligaciones y encontrar satisfacción tampoco pueden ser mayores. Éste es un año en el que tendrá muchas emociones y las compartirá con alguien cercano, además de que podrá ayudar a la familia o la comunidad a crecer más fuerte y unido. Puede ser un buen momento para aumentar el tamaño de su familia.

ESENCIA 7

Durante el número 7, muchos de los eventos en su vida involucrarán ahora el estudio, pero también cierto aislamiento y una actitud interiormente enfocada hacia sí mismo. Es momento de buscar una comprensión de principios y seguir nuevos intereses. Es probable que se encuentre retirándose durante un tiempo para la reflexión y quizá la meditación, posición que le otorgará no poca comodidad y relax.

Cuando el 7 como esencia está en efecto durante tres años o más...

Puesto que el 7 estará durante algún tiempo con usted, espere momentos de vida interior y crecimiento espiritual. Puede crecer lejos de otros y ponerse mucho más introspectivo.

Cuando la esencia 7 coincide con año personal 7...

Éste puede ser un periodo en el que se encuentre muy malhumorado. Debe obligarse a ser más social porque esto que parece como un aspecto de su vida poco importante, realmente puede hacerle disfrutar de su soledad, aunque le parezca paradójico. Vigile las señales de depresión.

ESENCIA 8

El número 8 sugiere que la tendencia de los acontecimientos se apuntará hasta entrar en un sentido material y el cuidado básico de sus negocios. Esto normalmente marca un periodo en donde la reputación comercial y profesional se refuerza y madura. Se sentirá inclinado a recoger ganancias financieras ahora, construyendo o extendiendo sus negocios actuales. El sentido común y los juicios buenos le ayudarán a lograr estas metas y conseguirá algún progreso real. Durante este periodo estará inclinado a trabajar muy duro.

Para los periodos de esencia 8 que exceden tres años...

Este largo periodo 8 puede ser una indicación de que está demasiado concentrado en los problemas de su carrera, impulsos, y sociales. Puede tener que recordar que de cuando en cuando hay que «oler las rosas» del camino.

Esencia 8 con el año personal 8...

Cuando la esencia 8 coincide con el 8 como año personal, la tensión que tiene es por su devoción para «conseguir salir adelante». Mientras éste es un periodo importante para usted y su trabajo, su poder y estado, también es un tiempo que puede pasarle factura en otros aspectos de su vida.

ESENCIA 9

Con la esencia número 9 la vida tenderá a proporcionarle un olfato muy dramático o emocional y sus sentimientos y reacciones a los eventos serán muy agudos. A menudo este año denota el fin de un esfuerzo significativo y un marcado cambio en sus intereses de algún tipo. Normalmente, la libertad adicional es un subproducto del asunto central que está concluyendo, pero si está solo, hay probabilidades para tener un intenso romance. Frecuentemente, encontrará que los esfuerzos humanitarios son una constante durante este periodo, y la conclusión es que pueden llevarle ahora a una vida más útil.

Para los periodos de esencia 9 que exceden tres años...

El hecho de que éste sea un periodo largo sugiere que estará inclinado a tener un periodo muy extendido de sentimientos apasionados, una larga aventura amorosa con un final prolongado, o quizá un esfuerzo sostenido de alguna clase.

Cuando la esencia 9 coincide con un 9 como año personal...

Éste puede ser un año emocionalmente agotador para finalizar algo que se efectuó con gran dificultad. El pensamiento claro será difícil, pero es imperativo.

Para las esencias número 11 y 22, refiérase respectivamente a 2 y 4. Sin embargo, la 11 tiene una armonía
espiritual muy fuerte, mientras que la 22 puede señalar un
tiempo de logros importantes o ventura.

Ejemplos:

MES DE AGOSTO, SI SU NÚMERO ES...

Número 1

Son probables las sorpresas alrededor del último día de
agosto. Algo que pensó que se podía realizar con facilidad
puede necesitar un poco más de atención. Ahora verá la luz
finalmente al final del túnel, cuando septiembre entre. Una
relación afectiva necesitará un poco más de atención al
final de este periodo. Las buenas noticias están a medio
camino entre lo pacífico y armonioso, y las dificultades.

Número 2

Hay algunas posibilidades de que tenga que realizar
trabajos intensos antes de que pueda cerrar su calendario
de agosto. Trabaje diligentemente, siga un horario, y
podrá terminar sus tareas a tiempo. Septiembre le trae la
necesidad de cooperar con los de su alrededor para mantener la armonía. Intente conseguir un lugar pacífico, pues
necesitará recargar sus baterías.

Número 3

Alguien a su alrededor necesitará confirmación de su
valor al final del mes y, simplemente, necesitará saber que

le ama incondicionalmente. Un poco de apoyo puede ser un buen modo, aunque nos parezca que estamos dando más de lo que nos han dado. Ponga en marcha un nuevo proyecto en el mes de septiembre. Recuerde también a las personas mayores de su vida, porque la bondad empieza con los ancianos de la familia.

Número 4

Debe prestarse atención extra a los asuntos filosóficos este mes y seguirse nuevos planes y modelos, así como mantener conversaciones constructivas. Éste ha sido físicamente un año muy duro para usted, pero el camino que ha escogido no puede haber sido mejor que todos los anteriores. Es importante que intente entender la situación en la que está ahora desde otro ángulo. Las materias que tratan sobre el dinero mantendrán su atención alrededor del día 4 y por ello es un buen momento para finalizar los tratos comerciales, pero solamente serán efectivos cuando lea detenidamente el contrato antes de firmar algo.

Número 5

¿Ha pensado cuidadosamente la decisión que está a punto de hacer? En ese caso, puede ir adelante con su plan, pues puede experimentar cambios agradables realmente durante este periodo de tiempo. ¿Busca la libertad de una situación que le mantiene aprisionado? Septiembre será el mes para empujar el botón que necesita para este cambio. Piense antes de hablar, pues las cosas importantes que ya se han dicho quedan grabadas.

Número 6

Agosto probablemente ha sido un mes de cambio en su modelo de pensamiento y algunas situaciones ya no pueden permitirse continuar en su vida. Tiene la oportunidad de poner sus propios pensamientos y planes para trabajar ahora en su vida física. Los cambios en las relaciones son obligatorios para que sobreviva, pues ha permitido que le maltraten demasiado tiempo. Una transformación en su corazón y en su alma ha empezado, y eso es bueno.

Número 7

Usted puede forzar ciertas situaciones en sus relaciones, pero no podrán funcionar si no están basadas en la verdad. La religión es una herramienta maravillosa para conseguir llegar a la parte espiritual de su ego. Lo que debe recordar es que tiene que mantener una charla con Dios cada día y no sólo cuando alguien está mirando. Hay diez mandamientos en la santa Biblia y todos ellos deben ser tenidos en cuenta.

Número 8

Acontecimientos súbitos le supondrán una intensa experiencia. Sufrirá probablemente altas emociones y estará nervioso. Trate los obstáculos con delicadeza y trate de resolverlos de forma correcta; también puede usarlos como un indicador de que está yendo por un mal camino. Eche otra mirada a su camino actual antes de que vaya a cualquier otro más lejano o extenso.

Número 9

Le pedirán probablemente que sea el mediador en una situación entre dos o más de sus amigos, familiares o personas íntimas. Esto posiblemente podría estar entre dos o más organizaciones. Use su corazón para escuchar la información dada y su cabeza para entender las noticias. Hay muchas maneras posibles para llegar a una solución amable y es cuestión de sentido común encontrar la mejor.

EL MES DE SEPTIEMBRE

Encuentre su número personal para ver qué tiene septiembre reservado para usted

Número 1

Si quiere lograr algo, entonces ha de hacerlo teniendo la seguridad de que podrá realizarlo. No puede contar con otros para hacer el trabajo que debe completarse durante este periodo de tiempo. Los amigos y socios intentarán influirle en su decisión, pero recuerde que es usted quien debe hacer finalmente el trabajo y las modificaciones. Preste atención especial a su salud y a la de su pareja durante este periodo de tiempo. En los días 2, 11, 20 y 29 debe hacerse visible. Podría haber una oportunidad para el romance, si se siente inclinado a ello. Tiene tantas cosas para hacer que debe guardar esparcir sus pensamientos. Tenga cuidado de no huir de las responsabilidades con otros en los días 5, 14 y 23. Un amigo podrá necesitar su ayuda y un poco de atención. Usted ha estado trabajando para desarrollar su valor y autoconfianza todo el año, y ese trabajo deberá ahora ser apreciado y respetado. No se alarme si los planes van torcidos alrededor de los días 8, 17 o 26 del mes. Los días 9, 18 y 27 son definitivamente momentos para tomar decisiones y ser el líder. Aprovéchese de sus inclinaciones creativas reforzadas.

Número 2

Pueden pedirle que sea el mediador para los amigos y familia en los días 9, 18 y 27 de este mes. Guarde su opinión personal para sí mismo y permita que prevalezca la verdad. Éste es un periodo de tiempo donde la diplomacia, cooperación, y por último, pero no de menor importancia, se exige paciencia. Preste atención íntima a las cosas pequeñas en su mundo, pues los detalles son sumamente importantes. Le podría decir, incluso, que por los detalles espontáneos es cuando se conoce a las personas.

Podría tener cierta iluminación en distintos niveles anímicos y espirituales. Estos nuevos despertares están presentes todos durante el mes, pero en los días 5, 14 y 23 son más discernibles. Intente estar con personas de las que realmente se preocupa y sabrá que tiene que estar muy calmado tratando con sus caracteres. Su intuición será muy aguda durante este tiempo y confíe en ella. Otras personas le pondrán probablemente en situaciones que tendrá que llamar a sus reservas de equilibrio interno y paciencia. Si está enfermo y cansado de ser diplomático y diligente, entonces le alegrará saber que podrá finalmente hacer algunas de las cosas que quiere el próximo mes. En el trato con el otro sexo, social o comercial, debe ser delicado si quiere que lleguen a buen término. Trabajando con ellos, y no contra ellos, conseguirá el éxito que desea.

Número 3

La comunicación y la interacción social serán en todo tiempo muy altas. El éxito debe ser suyo durante este próximo periodo del mes en proporción a los recursos que no ha malgastado. Si está buscando un nuevo romance, entonces ahora es el tiempo para abrir los ojos, pues la oportunidad estará allí, entre los días 9, 18 y 27.

Laboralmente puede haber tanto para hacer que necesitará poner mucha leña en el fuego. Si empieza a sentirse agobiado, emplee unos minutos para tomar tres respiraciones profundas e imaginar la escena más pacífica que pueda recordar. Esto podría ser necesario alrededor de los días 8, 17 y 26, cuando está más inclinado a ser agravado por algo o alguien. Lo que parece un problema un día, resulta abrir una puerta a la oportunidad el próximo. Intente mantener una buena actitud y mire el tiempo que necesita para empezar a trabajar en un proyecto. Éste podría ser un plan que ha estado formando en su mente durante algún tiempo, pero le recomendamos que no preste atención a aquellos que sólo tienen palabras descorazonadoras para usted. Hacer lo que sabe es la cosa correcta y así verá los buenos resultados.

Número 4

Este año será muy problemático. La salud, física y emocional, suya o de alguien acerca de usted, atraerá su atención estos días. Sabiendo esto de antemano, le permitirán que tome precauciones extras en estas áreas. Es importante hacer comidas equilibradas para realizar con éxito las muchas tareas que están esperándole. Éste es un mes para el trabajo duro y para arriesgarse a realizar empresas importantes con los resultados acumulados en los últimos tres años. Una actitud positiva es obligatoria, aunque también le será de gran ayuda si empieza cada día con unos momentos de meditación. Emplee ese tiempo para visualizar las tareas próximas.

Mire en su mente y vea cada quehacer para completarlo a la perfección. Si hace esto, entonces la depresión no entrará en su vida. Tenga cuidado con los tratos comerciales en los días 9, 18 y 27 del mes. Habrá muchas perturbaciones este mes, pero más probablemente entre los días 3, 12, 21 y 30. Éstos son días en los que vibra el número 3 que a veces puede significar que está esparciendo sus energías, por lo que será de sabios morderse la lengua. Usted puede decir o hacer algo de lo que se arrepienta después.

Número 5

La ventaja de este periodo de tiempo es que resulta adecuado para arreglar las cosas que necesitan una reparación. El número 5 es el número del cambio y la libertad. Tome sus decisiones cuidadosamente y este tiempo de transición en su vida puede ser bueno. Esta próxima frase es de extrema importancia para su vida. No realice maratones con el sexo, pues eso le causará mucho dolor ahora y en los dos años próximos. Es bueno disfrutar de la nueva independencia, pero cuidado con los extremos.

Puede sentir que alguien le ha traicionado alrededor de los días 9, 18 y 27 del mes, pero, por favor, no juzgue demasiado apresuradamente. Quédese con cierto estado de alerta para próximas ocasiones. Estos asuntos pueden parecer dramáticos, pero son el comienzo de algo muy maravilloso que está a punto de comenzar. Las semillas plantadas ahora deberán darle los beneficios dos años después.

En los días 4, 13 y 22 no será capaz de soportar cualquier tipo de encierro. Usted puede estar desorientado o encontrarse con algún problema desagradable o situación de difícil solución. Haga algunos ejercicios de estiramiento para su circulación y respiraciones profundas para conseguir ese oxígeno que necesitan sus células. Beba suficiente agua para mantenerse sano.

Número 6

Decir que este año entero ha sido duro para usted es una gran subestimación. Las relaciones personales son probablemente las que más le han desgastado. Este mes trata del amor y el matrimonio, o también del odio y el divorcio. Divorciarse, si es su caso, es algo muy complejo, pues no involucra solamente al marido y esposa. Probablemente siente que ha llevado demasiado lejos la responsabilidad de cuidar y querer a su familia y aquellos que han entrado a formar parte de ella. Debe desasociar lo que es suyo y de su responsabilidad, y aquello sobre lo que no tiene ningún mando.

Debe realizar definitivamente los ajustes necesarios, y ello le garantizará cierta mejora los días 9, 18 y 27 del mes. La prosperidad y la felicidad pueden ser suyas con tal de que haya hecho las opciones sabias y haya realizado los deberes necesarios con sus socios, familiares y amigos a lo largo de los últimos meses. Éste es un buen año para comprar una nueva casa o mejorar la que tenga. El dinero probablemente estará disponible, pero debe recordar que hay que compartir con esas personas merecedoras que están cerca de usted. Esfuércese por ser amado y simplemente déjese querer.

Las materias de salud también le exigirán su atención. Su cuello y hombros son vulnerables, como sus piernas. El ejercicio es la clave aquí.

Número 7

La evaluación psicológica que hizo durante la primavera y verano debe empezar a dar su fruto. Éste es un tiempo para ir en la dirección propuesta y el momento para corregir los errores del pasado y rectificar, aunque recuerde que aprendemos mejor de nuestros errores que de los éxitos. Lo que no pueda arreglarse deberá asumirlo, y no martirizarse por no encontrar una situación ideal para cada circunstancia de su vida.

Este mes debe reducir la velocidad y vivir un poco a diario, cada momento, aunque haya algunas cosas que no puedan cambiarse. Una de ellas es la conducta de otros, algo que no tendrá que forzar a su gusto nunca. En los días 1, 10, 19 y 28 de septiembre puede sentir que está siendo manipulado, pero debe recordar pensar con su cabeza y no con su corazón. Le conviene ser algo crítico y más objetivo durante este mes. Hay más de una manera de mirar las cosas, y la visión del túnel no le permite ver todas. En los días 2, 11, 20 y 29 puede decidir dejar a alguien detrás o algo con lo que no se siente bien ya. Durante los días 9, 18 y 27 debe intentar encontrar algún tiempo para estar solo y esto le permitirá ordenar sus pensamientos y deducir justo dónde está ahora y por qué está allí en este momento. Haga algo con los amigos alrededor de los días 5, 14 y 23 del mes, y así conseguirá escapar de la rutina.

Número 8

Recuerde que la paz de su mente es más importante que las cosas materiales. Una relación es la causa probable de las agitaciones actuales de su mente y estos momentos son los adecuados para librarse de una persona o situación que son la causa principal de su desasosiego. Simplemente, tenga presente que un amigo que intente mejorar su relación merece más la pena que uno que ni siquiera se moleste en ello.

Las oportunidades comerciales estarán disponibles a lo largo de septiembre y por ello su enfoque debe estar definitivamente en las materias financieras alrededor de los días 9, 18 y 27 del mes. Sea justo con todas las personas involucradas y apártese de quienes van de víctimas y solamente exigen mucho a cambio de nada. Emplee pensamientos sensatos en los días 7, 16 y 25, que le ayudarán a tranquilizarse y a que se encuentre en el camino que tanto ha deseado. Debe rectificar sus equivocaciones con amigos y socios inmediatamente y ponerlas correctamente. Recuerde que es usted el afectado y por tanto quien está enojado, y que esas emociones irresolutas pueden causar cáncer. Mire el progreso que ha hecho en todos sus trabajos durante el último año y persista en ellos durante los días 4, 13 y 22 del mes. En esos momentos tendrá la impresión de que alguien puede ayudarle en el futuro.

Número 9

Ha sido un año de emociones, dramas y sentimientos sensibles. En los días 9, 18 y 27 debe morder su lengua para evitar arranques súbitos de temperamento. Puede sentirse triste por recordar algo que ha sido durante mucho tiempo una parte de su vida. Pero usted sabe que ésta es la manera que tiene que ser. Entre los días 4 y 22 puede pensar que todos sus esfuerzos han sido poco apreciados, pero esto no es verdad. ¡Es tiempo de cosecha! El cumplimiento y la prosperidad vendrán para aquellos que han tratado bien a otros durante los últimos años. Todo egoísta y ávido de poder acabará en la ruina. Es tiempo para librarse del desorden en cada sector de su vida. Debe tomar las riendas en la vida si quiere encontrar la dirección que se ha marcado. Está dejando atrás un ciclo de su vida y entrando en uno nuevo, excitante y productivo. Puede sentirse algo solo en su mundo en ciertos momentos durante este mes. Ejercicio físico, un paseo por la playa o escuchar buena música es una adecuada medicina. El cambio es duro, pero es el requisito para el crecimiento.

CICLOS DE LA VIDA

¿QUIÉN ES USTED?

Los números del destino

Los signos del Zodiaco son el sistema más universalmente empleado y le explican la energía con la que nació; el poder natural que tiene en todo momento no importa dónde esté ni la jornada cíclica. No representa su destino, sino el camino en el que estaba al nacer; el camino que proporciona las experiencias que necesita para que pueda crear el destino a su modo.

¿DÓNDE ESTÁ USTED?

El viaje

Pase año por año, mes por mes, a través de ciento ocho ciclos de su vida. Debe comprender las fuerzas ocultas detrás de sus diversas circunstancias y cómo cambiar o mantener el curso según sus necesidades personales y deseos. Cuando ha completado los nueve ciclos anuales, la jornada no acaba ahí. Llegado a ese punto, empieza de nuevo el camino. Pero, en lugar de pasar simplemente en círculos y repetir los mismos ciclos del pasado, estará embarcándose en uno nuevo, evolucionando y moviéndose en espiral hacia la libertad y felicidad. Encontrar esos ciclos de vida no requiere un libro, pues no poseen un extremo, y su potencial es tan rico e ilimitado como quiera.

¿CÓMO ES USTED?

Vida, amor y libertad en el nuevo milenio

Finalmente, ahora debe comprender por qué sus emociones son la próxima gran frontera de la comprensión humana y le muestran la tendencia de todo lo que le pasa.

Cómo se siente en cada momento le dicta todo lo que crea y todo lo que destruye. Su habilidad para equilibrar el poder que llega desde sus emociones, en armonía con el poder que procede de su mente, es lo que le conduce a crear la vida que desea. Debe buscar paz en su mundo, aunque sin olvidar los problemas de la humanidad en el nuevo milenio y por qué la verdadera paz empieza dentro de cada individuo. Esta información está disponible en su mente, pero no siempre se entiende inmediatamente.

> «There is no end
> There is no beginning
> There is only the infinite passion of life»

(«No hay ningún extremo,
no hay ningún principio,
hay sólo la pasión infinita de vida».)

Federico Fellini

CONCLUSIÓN

Los seres humanos siempre han tenido dificultad para abrazar algo que es invisible a los ojos. Estamos más predispuestos a creer en lo que vemos que en lo que presentimos, pues los impulsos de la mente son tan personales y tan difíciles de explicar con letras, palabras o gestos, que nos hemos volcado en comprender la existencia con solamente los cinco sentidos corporales. Además, mucha gente muestra una gran habilidad para ver y entender lo que no se extiende más allá de los ojos físicos.

Pero la visión es posible a través de los ojos de la mente y esa maravillosa habilidad es mucho más poderosa, precisa y sabia que la que nos muestran los sentidos físicos. Ése es el defecto de la ciencia, además de su prepotencia, pues solamente consideran aquello que es percibido con alguno de los cinco sentidos admitidos por ellos. Pero se olvidan, entre otras cuestiones, de la imaginación, pues con ella creamos y modificamos todo cuanto deseamos; sin limitaciones, sin barreras sociales y sin condicionantes. Nuestro paseo creativo natural es una forma de visión que sólo puede describirse como nuestro sexto sentido. Es una dimensión poderosa que tiene el potencial para reforzar y, por consiguiente, mejorar nuestra experiencia entera de vida. El nuevo milenio nos trae la edad de la intuición: un nuevo ciclo de tiempo y espacio en el que estamos aprendiendo a funcionar, y con ello creamos y aventajamos, a través de la expresión libre de nuestras emociones, cualquier sistema para ser felices.

Somos todos seres vivientes profundamente emocionales que estamos entrando en un ciclo largo de la jornada evolutiva en la que debemos enfrentarnos a las realidades severas de cada día, junto con nuevas sensaciones que no necesitan ser dirigidas, aunque sí posiblemente explicadas por los más hábiles. Estamos aprendiendo a sentir y, en el proceso, estamos comprendiendo la magnitud de nuestro potencial sin usarlo para destruir, sino para lograr el mundo en el que queremos vivir. Nuestro sexto sentido —las emociones— es el pensamiento humano que, por su naturaleza, debe ser libre.

También nos hemos dado cuenta de que toda la vida opera en ciclos claramente definidos de tiempo y espacio que pueden calcularse y pueden ser medidos por números. Nuestra naturaleza cíclica representa un camino-mapa fuera del presente «sistema» en que todos estamos esclavizados, fuera de esas circunstancias que pensamos eran invariables, y con el deseo de ser libres. La calidad de nuestras vidas, está determinada por la calidad y fuerza de nuestros deseos y nuestros sentimientos.

The most beautiful thing we can experience
is the mysterious. It is the source of all true
art and science. He to whom this emotion is
a stranger, he who can no longer pause to
wonder and stand rapt in awe, is as
good as dead: his eyes are closed.

(La cosa más hermosa que podemos experimentar
es el misterio. Es el origen de todo arte
y ciencia verdaderos. Aquel para quien
esta emoción es extraña, aquel que no
puede pararse para asombro o maravillarse,
es como si estuviera muerto: sus ojos están cerrados.)

Albert Einstein

No hay nada sobrenatural en la ciencia de la numerología. Los números son elementos naturales; el efecto que el
espacio y el tiempo nos ocasionan y que nos permiten medir
y entender nuestro mundo, y más allá de él. Los números
son el pulso de la naturaleza y sus ciclos interminables.

Los números usados en matemáticas pueden ser sumamente complejos y usarse para medir y explicar las realidades físicas de la vida. Los números usados en numerología
son notablemente simples y se usan para medir y explicar las
mareas invisibles y las fuerzas bajo las que se mueve el
mundo físico.

Hoy, estamos usando la numerología como una manera
concisa y exacta de comprensión para mejorar nuestras
vidas, mentes, sentimientos, cuerpos, relaciones y circunstancias. Viajamos a través de la vida en un mar de números
y entendiendo sus significados más profundos podemos traer
orden a aquello que ahora consideramos como nuestro caos.

Finalmente, un entendimiento más profundo de los
ciclos a través de los que todos los seres humanos viajamos,
nos puede ayudar para conseguir cambios significativos para
nuestro mundo. Estamos aprendiendo a ser los amos de
nuestra complejidad en lugar de sus víctimas.

All men will benefit
if we can invoke
the wonders of science
instead of its terrors.

(Todos los hombres se beneficiarían
si nosotros pudiéramos invocar
las maravillas de la ciencia
en lugar de sus terrores.)

John F. Kennedy

Estamos aprendiendo que todavía tenemos mucho que aprender. Ahora encontramos más fácil decir «yo no sé» en lugar de creer que siempre debemos tener una respuesta. Podemos comprender que nuestros líderes y expertos nos han llevado, durante décadas, en una mala dirección con su extremismo, manipulación, desinformación y su gran apetito por conseguir el poder. Estamos comprendiendo que la existencia no puede estar basada completamente en la economía, pues ello es inaceptable con la condición humana.

Las personas, por todas partes, están buscando una manera alternativa de vivir. Están buscando la verdad, a veces en áreas que fueron consideradas como los reinos de políticos, excéntricos e idealistas, independientemente. Pero no hace tanto tiempo que los campos de la psicología, salud y medicina holística pensaron de esta manera. De hecho, no hace tanto tiempo que pensamos que el mundo era plano.

Quizá el uso de los números para entenderse mejor no es después de todo una idea sacada de años recientes. Después de veinte años de investigación profunda, creo que los números representan el armazón del potencial creativo glorioso de la humanidad.

God hath numbered thy kingdom,
and finished it.

(Dios numeró tu reino,
y lo terminó.)

El Libro de Ezequiel

Pueden encontrarse las raíces de la numerología en las civilizaciones antiguas de China, Egipto, Grecia, Babilonia, Bretaña, Tíbet y otros. Sus principios han sido abrazados por científicos, filósofos, teólogos y matemáticos a través de los tiempos. Las teorías de Pitágoras, Platón y Einstein, al igual que Planke, están basadas en la numerología, pues creían que todo se coloca en el universo según el número.

Si Dios creó todo, entonces los números también son un elemento vital de la Creación. Si nosotros somos quienes fuimos creados «a su imagen», entonces nuestro propósito como seres humanos también debe ser la creatividad.

To every thing there is a season,
and a time to every purpose
under the heaven.

(Para cada cosa hay una estación,
y un tiempo a cada propósito
bajo el cielo.)

Eclesiastés

La numerología de hoy ha penetrado por sus límites tradicionales hasta un nivel de conocimiento que realmente está asombrando. Podemos ahora definir su propósito como la manera en que los números pueden ver «más allá» de lo que podemos percibir. Esto es porque sólo ahora, cuando abrazamos un nuevo ciclo de tiempo, la mente humana ha comprendido las realidades metafísicas en términos prácticos. Estamos penetrando por nuestros límites autoimpuestos por la ciencia, lo que ha retardado el proceso del aprendizaje humano en estos temas.

La numerología ya es parte de algo conocido. Lo que sabemos sobre esta ciencia hoy ha destapado un eslabón vital entre los ciclos del tiempo y el poder que surge de nuestros sentimientos.

So often times it happens
that we live our lives in chains
And we never even know we have the key.

(A menudo sucede que vivimos
nuestras vidas encadenadas sin llegar a saber
que nosotros mismos tenemos la llave.)

Jack Tempchin

Sabiendo la naturaleza del ciclo en el que está, en cualquier momento dado entenderá lo que realmente está pasando en su vida y cómo tratarlo eficazmente. Por supuesto, la clave es mirar su vida más honestamente; pensar y sentir más profundamente para que pueda ver todo por entero y no sólo que percibe automáticamente como problemas.

Necesita mirar su realidad al completo: cómo su pasado le llevó a sus circunstancias presentes y cómo las decisiones que tome ahora, en el presente, determinarán la calidad de su futuro. Sólo cuando reconozca lo que está haciendo mal puede poner su vida correctamente. Y cuando las cosas vayan bien, no querrá sabotear su situación repitiendo los mismos errores que hizo.

ÍNDICE